이 시대 MCN에게 드립니다.

황쏘공 드림

저부터 MCN이 될래요

저부터 MCN이 될래요
: 3천만 직장인을 위한 '미친' 워라밸 프로젝트

2021년 3월 25일 초판 1쇄 발행

지은이 | 황인선
펴낸곳 | 도서출판 이새
펴낸이 | 임진택
책임편집 | 한승희
디자인 | ledesign 이현정

출판등록 | 제2020-000038호
등록일자 | 2015년 07월 21일
주소 | 인천광역시 서구 청라한내로 100번길 8-28, 청라레이크봄 806호
전화 | 02-305-6200, 070-4275-5802(팩스)
이메일 | info@isaebooks.com

ⓒ 황인선 2021
ISBN | 979-11-88272-33-4 (03190)

3천만 직장인을 위한
'미친' 워라밸 프로젝트

저부터 MCN이 될래요

황인선 지음

ISAE
BOOKS

▌30년을 편집하며

　'MCN이 돼라!'

　돌아보니 30년 직장 생활의 제 좌우명이 이거였던 것 같습니다. MCN은 '미친놈'의 이니셜입니다. 국문과를 졸업하고 제일기획 광고 회사에서는 막무가내 엉뚱 아이디어를 내는 을, 대기업으로 옮겨서는 갑으로서 돈깨나 쓰는 문화마케팅을 했습니다. 사장님들이 골치 좀 아팠을 겁니다. 그래도 브랜드를 맡아서는 8개를 출시해서 7개는 중박 내지는 대박을 쳤으니 좀 덜 미안합니다. 온라인 상상마당, 홍대 앞 상상마당, 상상 유니브 원조 만들기와 미래팀장까지 하고 회사를 그만두었습니다. 글을 쓰고 강의와 자문 등을 하면서 5년간 충전의 시간을 보냈습니다. 그러다가 유서 깊은 춘천마임축제 총감독을 맡았고 뜻밖에도 2019년부터는 고 박원순 시장의 혁신 유지가 응축된 서울혁신파크의 센터장으로 1년 반을 보내는 행운도 얻었습니다. 경희대에서 불러주어 경희대 사이버대학원 문화창조대학원 겸임교수를 하면서 온택트 시대에 사이버 강의를 하는 행운도 얻었습니다. 현재는 화상 서비스 회사인 ㈜구루미의 신설 '화상사회연구소' 소장으로 있습니다. 화상 사회는 제가 만든 말입니다.

몇 년 전에 10년 지기 사회 후배가 서대문 상상홀에서 제 책 8권을 엮어 '황인선을 읽자'라는 황송한 콘서트를 만들어주었습니다. 비가 꽤 쏟아지는 날인데도 100여 분이 와주셨습니다. 속 빈 강정 같아서 죄송했는데 그 뒤 또 3년이 흘렀네요. 세상을 더 살고 서울혁신센터장을 하면서 공공, 사회혁신 그리고 지구를 생각하는 사람들을 만나면서 넷제로(Net-Zero) 지구에 대해서도 생각하게 되었습니다. 나이 들면 입을 닥치라고 했는데 이런! 할 말, 전해 줄 말이 더 많이 생겼습니다. 과거의 글들도 다시 읽히고 싶고요. 그래서 또 책을 냅니다.

이 책은 특히 직장인 30~40대들에게 보여주고 싶은 책입니다. 저도 직장에서만 27년을 보내서 한국에서 직장인의 삶이 참으로 중요하다는 걸 잘 아는데, 직장인의 애환, 재미, 감동 그리고 미래 아이디어를 다룬 직장인의 책은 별로 없잖아요. 있어 봐야 갓댐-처세술, 금세 지워질 트렌드, 1년용 지식들이 주류지요. 요즘 30세 전후 저자들이 쓴 책들-《무례한 사람에게 웃으며 대처하는 법》,《90년생이 온다》같은- 은 참신은 하지만 그 내공으로 직장 생활을 다 말할 수는 없지요.

스토리와 콘텐츠의 시대인 지금은 직장인들도 회사를 비방하거나 홍보성이 아닌 수준의 글을 써야 한다고 생각합니다. 한국에서 직장 생활을 하는 사람이 3,000만 명이 넘을 텐데 '직장인들을 위한', '직장인들에 의한', '직장인들의' 책이 참 없습니다. 직장 생활을 안 하고 구시대 모델인 종합상사를 취재해서 쓴 윤태호의 《미생》에 사람들은 열광

했었지요. 물론 윤태호 작가의 빈틈없는 취재와 스토리텔링에 감탄하면서도 왜 훌륭한 직장인들은 자신을 표현하지 않을까 하는 안타까움이 늘 있었습니다. 바빠서, 글을 쓸 줄 몰라서, 책을 쓰면 조직 눈 밖에 나서, 돈이 안 돼서 등의 이유가 있겠지요. 그런데 말입니다. 저의 인생은 수많은 성공사례를 이룬 것보다 글을 쓰면서 더 바뀌었다고 감히 말할 수 있습니다. 글을 쓰려다 보니 저만의 특별성(Identity), 철학, 제 사례가 필요했고 그래서 언제나 더 깨어 있으려고 노력했습니다. 이제는 누군가 내 인생을 감시하니 내 마음의 청문회를 열어 더 정직해지려고도 했고요.

수많은 정보와 페이크, 유사 전문가들 지식 사이에서 헷갈리는 이 시대 젊은이들과 직장인들은 삼성전자, LG, SK텔레콤, 카카오와 네이버, 배달의민족, 쿠팡 등 기업에 다니는 훌륭한 직장인들이 현장에서 전해주는 지식과 재미와 감동의 스토리를 원할 겁니다. 각 분야에서 일하는 그분들의 자기 스토리 책 내기를 진심 권하면서 이 책 읽는 방법을 소개하겠습니다.

이 책은 과거 13년간 쓴 글(미발표 원고 포함) 중에서 인기가 많았고 직장인들에게 앞으로도 도움이 될 만한 원고를 30대 1의 자체 경쟁률로 선별해서 다시 쓴 책입니다. 이번에 새로 쓴 원고는 주로 3부에 많습니다. 책 읽기에 대해 도움말을 드리겠습니다.

이 책의 1부는 제 칼럼 중에서 '쫌' 인기를 끌었던 것들을 업데이트한 에세이들입니다. 직장인들에게 가볍게 읽는 재미와 공감을 느끼게 해줄 겁니다. 글쓰기에 관심 있는 독자들은 제목, 소재를 잡아오는 방식을 커닝해도 될 겁니다. 머니투데이 기자들도 인정한, 8년이나 연재한 글들이니까요. 처음에 나오는 '야동으로 인맥 관리하는 선배'는 제목은 좀 거시기하지만 저에게 대중 상대 제목 뽑기가 이런 거구나! 쓰라리게 ⑺ 가르쳐준 것입니다. 사람들은 돈, 성, 건강, 인기, 인맥, 셀럽 이야기를 제목에 올리면 클릭한다는 것을 알게 해준 칼럼입니다. '자기 글보다 대중의 기대(욕망)를 먼저' 올리라는 교훈을 그때 얻었습니다. 반면 별생각 없이 썼던 '너는 아들이냐, 하숙생이냐'는 27만 명의 깜짝 조회를 얻으면서 하숙생이냐 남편이냐, 하숙생이냐 딸이냐 등 패러디가 쏟아지기도 했지요. 독자의 자연스러운 공감을 얻어야 하는구나, 절감하게 해준 칼럼입니다. '감나무 자르기'는 제가 임기를 마칠 때마다 신조로 삼는 글이 되었습니다. 글이 저를 바꾼 겁니다. '마왕과 어머니'는 이젠 돌아가신 어머님께 바친 글이고, '실낙원의 이브'는 아내가 읽고는 몰래 눈물을 닦더군요. 오피니언 타임스와 페이스북에 먼저 오픈했더니 지인들이 이제까지 제가 쓴 글 중에 가장 따뜻한 글이랍니다. 지인 여자분들 중에는 꽤 여럿이 울면서 봤다고 하고 남편들은 그동안의 부부 삶을 돌아보게 했다고 전해 왔습니다. 1부는 직장인 이전에 MCN이 갖출 정의감, 사랑감(感), 존재적 삶에 대한 글들입니다.

2부는 직장 3.0버전 시대 직장인의 새로운 관점, 깨달음, 변화 의지 등에 대한 일종의 자기계발 글들입니다. '현대판 공룡과 지혜로운 구경꾼'은 늘 성과에 조급한 저를 반성하게 하는 글입니다. '호모딴짓엔스'

는 딴짓하며 살아가는 30대들을 경이롭게 보면서 쓴 글입니다. 딴짓엔스는 MCN의 동포라 할 수 있을 겁니다. MCN 개념이 제대로 소개되는 '저부터 MCN이 될래요'는 주위에 특별하게 훌륭한 분들을 꽤 봤는데 저분들을 뭐라고 부를까 고민하다가 대구 특강에서 불쑥 붙인 별난 그룹 이야기입니다. MCN이라고 명명하니 비로소 그들이 제대로 보였습니다. '매와 두꺼비'는 이전 직장인들을 개와 고양이라고 했던 것을 생각하면서 요즘 경영자들이 고민하는 1990년생 직원들을 새롭게 캐릭터로 정의해본 겁니다. 쓰다 보니 그들이 어떤 사람인지 막 그려지더군요. 혼자 킥킥거리며 썼습니다.

마지막 3부는 미래 이야기입니다. 크게 둘로 나눠서 썼는데 하나는 이제 시간이 없는 지구를 생각하는 직장인이 되자는 내용입니다. 우리의 미래에 영향을 미칠 ESG(Environment, Social, Governance)와 세계에 하나밖에 없을 혁신 공간인 서울혁신파크. 그 안에서 활동했던 6인의 지구 MCN을 대표로 소개합니다. 직장인 여러분들은 다른 길을 걸어간 그들을 어쩌면 나도 언젠가 걸어갈 수 있는 분들로 생각하고 안아주면 좋겠습니다. 그들도 한때는 여러분처럼 보통 기업에 다니는 보통 분들이었습니다. 무엇이 그들을 그 궤도에서 벗어나 다른 궤도로 가게 했는지 알아보십시오.

그리고 중간부터는 곧 다가올 화상 사회, 그리고 그 사회 플랫폼 안에서 유용하게 쓰일 전략적 틀인 커뮤니티를 중심으로 썼습니다. 앞에 ESG는 몰라도, 뒤에 화상 사회와 커뮤니티 부분은 제 경험과 선도성 그리고 활용 아이디어 등이 담겨 있어서 앞으로 직장 생활에 도움이 될 겁니다.

저는 현재 ㈜구루미에서 한국 최초 유일(!)의 화상사회연구소장으로 열심히 연구와 홍보를 하고 있습니다. 화상 사회는 코로나19 종식 후에도 사회를 바꾸는 미디어 & 라이프스타일로 기능할 것이라고 믿습니다. 3부 끝에 들어간 '지구특별시의 특별한 공무원'은 직장인 중에 특별한 직장인이며 갑의 인종(人種)인 공무원들에게 다른 대안은 없나 싶어서 제안을 담은 글입니다. 서울시 공무원이 바뀌면 한국의 많은 공무원이 바뀔 것이라는 희망을 안고 썼습니다. 이들이 바뀌려면 서울시 고위 공무원, 시의원, 자문위원님들, 언론사와 서울시민들께서 많이 도와주셔야 합니다.

마지막으로 커뮤니티 부분은 한국 경제경영계에서도 핫한 《동아 비즈니스리뷰(DBR)》에서 호평을 받으며 특강을 했던 소논문입니다. 롤프 옌센이나 짐 데이코 같은 미래학자들은 '미래=드림 소사이어티(dream society)'를 예언하는데 드림 소사이어티의 핵심은 바로 부족사회의 귀환입니다. 부족들이 바로 커뮤니티 사회지요. 미래의 새로운 커뮤니티는 화상 사회의 이념과 테크놀로지를 같이하면 앞으로 미래 MCN들에게도 유용성이 꽤 높을 겁니다. MCN 직장인 서울시 공무원님들은 화상 사회와 이 커뮤니티 이론을 잘 참고해서 앞으로 시정 운영에 활용했으면 합니다.

특히 3부는 현재 만족하고 사는 일반인이라면 읽기 부담스러울 수도 있으나, 지구인 그리고 MCN 직장인으로 살고 싶으신 분은 꼭 읽어보시기를 권합니다.

아무쪼록 이 책이 독자들에게 카타르시스와 재미, 감동, 교훈, 미래 준비, 바른 경영, 사업 아이템 구상에 도움이 되기를 바라고, 무엇보다 지구를 생각하는 MCN 삶의 마중물 역할을 하기를 바랍니다.

황쏘공
황인선 드림

힘을 줬던 말들

반대가 많지요? 그런데 비행기가 이륙할 때는 적정한 맞바람이 필요하답니다. 그러니 그 반대를 이륙을 위한 맞바람이라고 생각하십시오.

———

황 부장, 조직은 늑대와 같아. 지금은 다 칭찬하는 것 같지?
조심해. 당신이 허점을 보이면 바로 물어뜯을 거야.

———

조직은 뱀과 같아서 꼬리가 따라올 때까지 기다려야 해.
머리만 움직이면 이동은 완성된 게 아니야.

———

부장님은 KT&G 상상의 아버지로 기억될 겁니다.

———

"축제 2.0 버전을 열라" 하셨지요!
감독님이 말씀하셨던 것이 하나둘 실현되어가고 있어요.
우리 참 잘 만난 것 같습니다.

———

축제와 기업의 만남을 추진한 코–컬처링(Co-Culturing), 기대됩니다.
축제가 나아갈 새 방향이라고 생각합니다.

———

제 영원한 멘토십니다.

처음 부장님을 뵐 때부터 멋진 분이라고 생각해서 발자취를 따라가다 보니
여기까지 인연이 닿게 되었네요. 까마득한 아랫사람이었을 텐데
잘 챙겨주셔서 감사합니다. 덕분에 서울혁신센터와 재미나고
의미 있는 일을 함께할 수 있었어요.

―――

당신은 혁신의 아이콘입니다. 센터장, 황인선 작가에게!

―――

함께했던 변화의 시간들, 꼭 기억하겠습니다.

―――

한참을 고민했어요. 어떤 말로 인사를 해야 할까요.
감사하다는 진심 외에는 생각나지를 않아서… 정말 감사해요, 모든 것에.
재미있는 순간이 너무 많았어요.

―――

우리들의 영원한 황쏘공!
('황쏘공'은 조세희 작가의 《난장이가 쏘아올린 작은 공》처럼
혁신파크를 만들어달라는 주문의 별명입니다.)

―――

가는 데마다 성공사례를 만들었더군요. 이번에도 기대합니다.
나이가 있으신데도 제가 인사이트를 많이 받습니다.
불러주시면 제 저녁은 언제나 땡큐 콜입니다.
그렇게 술 드시면서 언제 책 읽고 글 쓰나? 그 아이디어는 다 술에서 나오나?

―――

당신 이력 다 뒤졌습니다. 잘 사셨더군요.

언제나 변화와 혁신! 아니 변신의 천재.
세상을 변화시킬 것이라고 믿어 의심치 않습니다.

———

그 열정과 추진력을 사람들은 잊지 않을 것입니다.

———

어디서나 뜨겁고 따뜻하게 피어나실 것입니다.
혁신파크를 떠나서도 또 새로운 혁신과 도전을 하실 듯.

———

소주 한잔 못한 게 너무 아쉽네요.
센터장님의 '유머'가 많이 그리울 것 같습니다.

———

제게 많은 깨우침을 주었고 대한민국 문화마케팅의 대부이신 교수님이
제 책에 추천사를! 와우, 감사합니다.

———

'지구를 생각하는 사람들!'
왜 저는 그 언어를 생각하지 못했지요?
'지구를 지키는'이나 '지구를 살리는'은 좀 부담이었거든요.
독수리 5형제 같잖아요. 크크.

———

혁신센터를 누구보다 멋지고 혁신적으로 이끌어주셔서 서울시민으로서
감사드립니다. 왜 사람들이 센터장님을 존경하는지 피부로 느꼈습니다.

———

와, MCN!
그런 거라면 저부터 MCN이 되겠어요.

차례

2부

저부터
MCN이 될래요

3부

미래를
만져보실래요

1부

너는 아들이냐,
하숙생이냐

우리가 삶에서 만나는 것들엔 기호(Code)가 있습니다. 그것은 관심과 재치로 찾아집니다. 그 기호들은 숨겨진 의미를 드러내며 우리에게 새로운 길에 대한 통찰을 줍니다. 비트코인 채굴은 아니더라도 기호와 의미를 채굴해보는 것은 그래서 멋진 일입니다.

야동으로 인맥 관리하는 선배*

홍대 앞 중국집에서 남4 여3이 모였습니다. 상상마당에서 이현세 만화가의 작품 전시 마지막 날이라 제가 모시고 갔다가 우연히 합석이 되었습니다. 여자들은 서로 모르는 관계였습니다. 말을 섞다가 나이 얘기가 나왔는데 남자들은 대충 나이를 밝히는데 그녀들은 "30대"('아닌 것 같은데')라고만 하고 본인 나이를 말하지 않았습니다. 사귀자는 것도 아니고 그냥 말하면 될 것을 서로 눈치만 봅니다. 그때 누군가 "여자 나이는 남자가 누구냐에 따라 달라요" 했고 까르르~ 웃

---

* 이 칼럼은 머니투데이 연재 초기에 쓴 것입니다. 2주간 조회 수가 적어서 베스트 칼럼들을 분석했더니 제목에 성, 셀럽, 건강, 성공, 네트워크 관리, 부자… 이런 단어가 많았습니다. 나중에 알았지만 이것은 다 파충류의 뇌가 좋아하는 것들입니다. 저는 눈 딱 감고 '야동', '인맥 관리' 두 단어를 넣어봤지요. 그랬더니 헉, 두 시간 만에 5만 조회, 그 주의 베스트 칼럼 1위. 그 뒤로 저는 이런 제목은 달지는 않습니다. 선배 이야기는 직접 들은 거지만 저는 야동을 받거나 보내준 그룹은 아니나 실제 그랬는지?^^ 이 사례는 20년 전 인터넷 보급 초창기의 일이니 지금은 어림도 없습니다. 절대 따라 하면 아니 됩니다.

습니다. 아, 나이뿐인가요? 남자들이 보기에 여자들은 참 어렵습니다. 노, 예스가 헷갈립니다. 여자는 말합니다.

"꼭 말로 해야 아나?"

남자는 말하죠.

"말 안 하면 어찌 아노?"

이와 관련해서 유명한 사례가 있습니다. 미국에서 품격 있는 여성잡지를 창간하려고 여성들에게 설문 조사를 했더니 연예인 가십이나 섹스 관련 기사들을 빼달라는 의견이 많았다고 합니다. 그래서 그녀들 의견에 충실하게 창간했다가 곧 망했습니다. 정직한 사람들이 정직하지 않은 커뮤니케이션에 당한 겁니다. 그래서 광고계에서는 여자들 화법을 알면 광고가 보인다고 했습니다. 제일기획에서는 그래서 여성 전담 광고팀이 별도 운영된 적도 있었습니다.

오해할지 몰라서 하는 이야긴데, 이 칼럼은 여자 얘기를 하려는 게 아닙니다. 소비자 심리 이야기를 하려는 것입니다. 여자보다 더 어려운 소비자 심리! 2016년 미국 대통령 선거에서 트럼프가 뜻밖에 당선되면서 선거 예측 전문가들을 욕보인 것도 그런 예이지요. 하류층, 백인, 남성들은 거짓으로 말해놓고는 반대로 표를 찍었던 겁니다. 소비자들은 진실을 얘기하지 않습니다. 아니 자기 진실이 뭔지 잘 모릅니다. 직설화법보다 간접화법 문화가 발달한 한국은 특히 여자가 더 그렇고, 나이가 들수록 그렇고, 많이 알수록 그렇고, 이해관계가 뚜렷할수록 그렇습니다. 구매 의향, 적정가격, 대선 후보 조사는 51%가 믿을 수 없죠. 초보들은 응답자의 다수 데이터에 주목하지만 산전수전 다 겪은 고수들은 하위 5% 소수자의 의견이나 드러나지 않은 욕망에 주목합니다. 왜냐? 그들은 자기 의견이 분명한 사람들이거든요. 그걸 포착하려면 물론 경력+용기가 필요합니다. 드러나지 않은 욕망을 포착해 성공한 Y 선배의 용기⑰는 그래서 놀랍습니다.

야동을 보내는, 잘나가는 선배

Y 선배는 인맥이 좋다고 회사에 소문났습니다. 사람 좋고 경조사 잘 챙기고 털털 잘 웃고 유머도 있고 일주일에 2~3회 비즈니스 골프는 기본. 그래도 뭔가 다른 노하우가 있나 싶어 물어봤더니 잉, 뜻밖입니다. 자신이 관리하는 다른 회사 실세들한테 야동을 보내준다며 씩 웃습니다.

"야동이요? 설마… 진짜?"

"모르겠냐? 그 사람들 돈 많은데 선물이 왜 필요해. 와인, 골프채 사주는 자들은 하수야. 고개 숙인 중년 남자들의 속을 봐야지. 누가 그 점잖은 사람들한테 야동을 보내주겠어."

'음… 빌어먹을.'

"그런 건 누가 선배님한테 보내줍니까?"

"정기적으로 보내주는 애들이 있어. 그걸로 또 우리는 묶이지."

일타쌍피 인맥 관리 비책이 갓뎀, 공짜 야동이라니!

아! 싫지만 인정이 됩니다. 이 욕망의 야사 마케팅을 점잖은 대학교 교수님들이 아실는지. 알아도 학생들한테 차마 가르칠 수 있을는지. (주의: 이것은 20년 전이니까 통했지. 지금은 어림도 없습니다. 하면 안 됩니다.)

그러네요. 역사에도 정사(正史)가 있고 야사(野史)가 있지요. 야사는 입으로 기록되는 역사입니다. 《다빈치 코드》는 시온수도회 야사를 배경으로 엄청난 베스트셀러가 되었죠. 《해리포터》, 《반지의 제왕》, 《뱀파이어》, 《드라큘라》… 다 전설과 야사를 배경으로 한 것들입니다. 지금이라고 다르겠습니까. 사람들은 이런 야사에 혹하기 쉽습니다. 야사는 우리의 실제 이야기 구조와 닮아 있고 인간 본능에 근접해 있기 때문에 기획자는 야사를 들여다보아야 합니다. 조선 후기의 성 풍속을 다룬 신윤복의 그림은 양반네들 서랍장 깊은 곳에 숨어 있었을 것입니다. 선배의 야동처럼.

정사와 야사를 잘 요리해내는 것이 인텔리전스(intelligence)+아이디어(idea)겠지요. 앞에 그 정직해서 폐간된 잡지는 품격 여성의 정사 욕구와 인간의 야사 욕망을 둘 다 이해하고는 찐한 소설이나 누드 아트를 군데군데 넣어줬으면 어땠을까요? "이거 그래도 격이 있는 잡지야. 내 수준을 뭐로 보고." 여러분이 둘러댈 거리를 주는 게 배려죠. 할리우드 영화가 그런 거 잘하잖아요. 야한 영화 〈그레이의 50가지 그림자〉가 그래서 교양 있는 분들에게도 꽤 떴습니다. 미셸 우엘벡의 〈소립자〉는 제목이 물리학 냄새를 풍기지만 내용의 반 이상은 성애를 다룹니다. 그런데도 68혁명 세대의 고뇌와 구원을 주제로 해서 프랑스 문단을 강타했습니다. 신세계 '쓱(SSG. COM)' 광고도 미국 사실주의 화가 에드워드

호퍼를 쓱- 패러디해서 성공을 거둔 사례고요. 그러니 배웁시다. '정사 속에 야사 있고 야사 속에 욕망 있다.'

아, 그 선배요? 나중에 사장이 되셨습니다. 큰 성과는 냈냐고요? 그건….

감나무 자르기

과천의 아파트 1층인 우리 집 앞 맞은편엔 감나무 세 그루가 있습니다. 앞에 큰 나무 한 그루, 그 뒤에 가려진 작은 두 그루. 앞에 큰 감나무는 햇빛을 잘 받아 키도 크고 잎도 무성하고 가을엔 감도 엄청 많이 달립니다. 그런데 이 나무에는 좀 문제가 있습니다. 일단 거의 매년 벌레가 하얗게 낍니다. 5월까진 잘 모르겠다가 6월경부터 나뭇잎 2/3 정도와 감 열매에 하얗게 벌레들이 낍니다. 둘째, 세 그루의 감나무들이 서로 밀집해 있어 다른 감나무를 오염시킬 위험성이 높아 불안하다는 것입니다. 셋째, 나뭇가지가 주차장으로 넘어 들어와 가을이면 밑에 세워둔 차들에 익은 감들이 떨어져 감칠을 해놓습니다.

1층에 사는 책임 입주자로서 이런 것을 방치하면 안 되겠지요? 그래서 관리사무소에 수년째 그 나무를 잘라 달라고 했는데 관리소는 "다른 동민들이 동의할지 모르겠어요", "그래도 큰 나무인데 아깝지 않나요?", "비가 많이 오면 벌레는 없어져요" 등의 이유로 받아들여지지 않았습니다.

그런데 어느 날 퇴근하다 보니 드디어 관리사무소 조경 담당이 감나무를 대폭 톱질을 해버렸습니다. 주차장으로 넘어오는 큰 줄기를 싹둑, 그리고 벌레 먹은 가지와 잎 부분을 시원하게 쳐버린 겁니다. 감나무 1/3 정도는 남겨놓고요. 그랬더니 미관이 좋아졌고 하얗게 벌레 먹은 가지를 보지 않아 마음도 상쾌해졌습니다. 그제야 아파트 분들이 "어! 좋네", "진작 치지"라고 추임새를 놓습니다.

그런데 이보다 제가 더 놀란 것은 그동안 뒤에 반쯤 가려졌던 두 그루 감나무들이 그리 작은 나무가 아니라 앞 나무 못지않게 큰 나무였으며 잎사귀도 무성했고 열매도 많이 달렸다는 점이었습니다. 뜻밖이었습니다. 십수 년을 봐 왔는데….

여러분은 이 '앞의 감나무' 현상에서 무엇을 보시렵니까?

세상이 다 그런 거라고 달관한 사람, 어쩔 수 없이 병든 그 나무를 긍휼히 여기소서! 하는 사람, 그동안 동민 중 아무도 그 나무를 베자고 한 사람이 없단 말이냐며 세상의 무관심을 성토하는 사람, 악화가 양화를 구축하는 악화(惡貨)의 역설을 보는 사람… 등도 있을 겁니다. 저는 '기성 권력'과 '나 자신'이 떠올랐습니다. 나무는 크나 부분 벌레 먹고 매년 벌레 먹으며 사람들의 시선까지 병들게 만들고 주차장까지 넘어 들어와 차를 더럽히는 기성 권력 말이죠. 어쩌면 그게 나일 수도 있는 현실 말입니다. 사실 정치, 재계, 언론/방송, 예술계, 교육, 지역 권력 등에서 그런 '앞의 감나무' 현상이 꽤 보이지 않습니까!

어린이의 가치와 의미를 누구보다 존중했던 소파 방정환 선생은 1930년에 이미 "30년, 40년 뒤진 뒷사람들이 30년, 40년 앞선 사람을 잡아끌지 말자…. 그래야 밝은 데로 나아갈 수 있고 새로워질 수 있고 무덤을 피할 수 있는 것이다"라는 말씀으로 '앞의 감나무' 현상이 초래하는 위험을 경고했었습니다. 그러나 그런 기성 권력과 뒷사람인 벌레 감나무들은 오히려 자신들의 존재 크기를 더 부각해왔음을 우리는 잘 압니다. 지금 20~30대 신세대들을 잉여, 행동 불능, 꿈이 없는 세대라 부르며 조롱하고 비웃는 짓들도 일견 자기를 지키려는 그런 의도들로 보입니다. 그 세대들이 뒤에 가려져 있는 감나무일 텐데 말이지요. 시청률과 인기에만 목을 매는 방송이나 언론, 연예계서도 그런 앞의 감나무를 그냥 두거나 심지어 부각하는 현상이 심심치 않게 보입니다. 조직에서도 〈미생〉의 마 부장 같은 사람들은 관록을 작은 감 열매처럼 주렁주렁 달고 자랑삼으나 그 감 열매는 이젠 벌레 먹은 것일지도 모릅니다.

정년 연장은 어떨까요? 가정의 안녕과 그동안 수고한 세대의 노후 보장이란 취지는 참으로 좋으나 만일 스스로가 벌레 먹은 감나무임을 자각한다면 그 제도에 기생하여 앞의 감나무가 되는 것은 스스로 막아야 하지 않을까요. 정년 연장보다 중요한 게 사회와 생태계 건강 아닐까요. 그런데 세상엔 조경 담당이 없습니다. 그러니 스스로 가지를 쳐야 합니다. 그래도 죽지 않습니다. 가지를 친 그 감나무는 비로소 살아 있는 것처럼 보였고 그러자 비로소 세 그루 나무는 서로가 다 커 보였습니다.

그럼 나는?

문득, '나도 그 앞의 감나무?' 공포감이 듭니다. 내 안의 벌레와 더러움, 내가 넘어 들어간 주차장 공간… 살피고 또 살펴야겠습니다.

필자 주) 2002년 제일기획을 떠날 때, 2014년 KT&G를 떠날 때, 2019년 춘천마임축제 총감독을 사임하고 사무국장을 총감독으로 추천할 때, 2020년 서울혁신센터장을 그만둘 때마다 집 앞 감나무 세 그루가 떠오르곤 했습니다.

#3

마 부장 해독하기

모 건강식품 벤처회사 J 대표를 만났습니다. 약사 출신으로 합성 약이 몸을 병들게 한다는 신념이 강고했던 그는 늘 "이제는 영양보다 해독의 시대"라는 말을 했습니다.

오, 영양보다 해독? 귀에 쏙 들어옵니다. 디톡스(Detox)를 광고 표현 정도로 듣던 저였지만 영양과 대비해서 말한 이 선언은 새로웠습니다. 그동안은 영양 충족이 목표였던 한국 아닙니까! J 대표는 대안으로 천연 비타민과 흡수율 100% 나노 추출 공법 개발에 인생을 걸었다고 합니다. 그를 만나고 얼마 후 또 기업예술교육 벤처 ㈜팀버튼의 김우정 대표를 만났습니다. 그도 "기업 교육이 이젠 채움보다 비움을 말해야 하는 시대"라고 했습니다. 신경계의 기본 단위인 뉴런(Neuron)에서 착안하여 '뉴런(New Run) 시대'라는 개념도 두척했습니다. 이제 40대인 두 대표의 시대 선언, 참으로 공교롭습니다. 어쩌면 저도 욕구, 욕망 그리고 성찰의 시대라는 제 마케팅 주제에 관심이 쏠려서 그들의 선언이 더 크게 들렸을지도 모를 일입니다.

한국은 '욕구(Needs)의 시대'를 지나 21세기 초엽인 지금은 '욕망(Desire, 사회화된 과잉 욕구)의 시대' 절정을 달리는 사이클입니다. 마케팅에서 욕구는 결핍에서 오고 결핍이 채워지면 끝입니다. 유발 하라리가 《호모 사피엔스》에서 말한 것처럼 선진국의 중산층 한 가구가 이사하면 예전 유목 부족 하나가 이사하는 것보다 짐이 많다고 하니 솔직히 욕구는 이제 상당 부분 채워진 셈입니다. 집 냉장고를 보세요. 냉장고는 점점 커지고 다양하게 많아지지요? 그런데도 계속 사고 계속 채웁니다.

지구가 망가져도 나는 안 망가진다는 그 무모한 확신들. 그러니 문제는 갓뎀 욕망이지요. 욕망은 타자의 시선을 의식해 행동하고 사고하는 심리적 상태를 말합니다. 그리고 그 욕망은 끝이 없습니다. 나를 바라보는, 그리고 내가 질투로 바라보는 타자가 있는 한 그렇습니다. 그래서 계속 채우려 하고 늘 '더 많이'를 원합니다.

베르나르 베르베르의 소설인 《제3인류》에는 미래 세계의 변수가 될 일곱 세력이 나옵니다. 그중 제1 세력이 바로 그 '더 많이' 세력입니다. 이들은 더 많이 생산하고 더 많이 소비해 더 많은 부와 권력을 얻기를 늘 욕망합니다. 이들은 산을 갈고 밀림을 태우고 원숭이와 박쥐 서식지를 빼앗으면서 나타난 전염병, 지구 자원 고갈, 뚱뚱한 성장, 시민들의 정신적 황달 등은 고려하지 않습니다. 거꾸로입니다. 역사는 '더 많이' 투쟁의 기록이며 이로써 인간은 구원된다고 믿습니다. 오케이, '더 많이'의 투쟁과 역사, 그동안 사실 고마웠습니다. 어쨌든 가난했던 우리는 더 많이 갖게 되었고 풍요로워졌으니까요. 그런데 우리는 지금 어찌되었지요?

몸과 직장인

지구까지 갈 것 없이 먼저 우리 몸부터 볼까요? 채우고 채우다 오늘날 우리 몸은 어느덧 꽤 오염돼버렸습니다. 약 오남용, 더 많이 만든 중금속 먼지, 비만과 당뇨, 고혈압을 부르는 과식(정크푸드와 일/게임 중독 그리고 배달 앱의 합작품)과 가공식품… 거기다가 끊임없이 소통하고 과시해야 하는 정보 부담, 늘 바쁜 일정 때문에 쉬지 못하니 간이 부담이 되고 세포가 억눌려 있습니다. 그래서 면역력이 약해지고 혈류는 둔해집니다. 풍요의 시대에 오히려 돌연사와 우울증, 암 등이 늘어나는 것은 다 이유가 있는 것이지요. 올더스 헉슬리가 쓴 디스토피아 소설 《멋진 신세계》는 소마(Soma. 행복 진정제)로 행복을 지키는 세계가 나오지요. 그리고 그 후 15년 뒤에 헉슬리가 쓴 《멋진 신세계, 그 후》는 미국 사회에 만연한 약 복용 실태로 채워져 있습니다.

다음은 직장인들을 볼까요. 우리 대다수가 기업을 통해 생존하니 기업 이야기는 빼놓을 수 없습니다. 여기도 오염은 꽤 심각해 보입니다.

《미생》의 시그니처 캐릭터인 마 부장을 떠올려 봅시다. 마 부장은 우리 시대 관리자의 표상이고 관리자는 미생들의 목표입니다. 10여 년 쉴 새 없이 달려오는 동안 마 부장의 몸은 지쳤습니다. 그래서 짜증이 늘 었습니다. 관리자이니 머리를 더 쥐어짜야 하지만 별로 더 나올 것이 없습니다. 이런 부장이 자리를 차지하고 있으니 참신한 인재는 기피하 고, 시장은 창조적 사례가 적고, 전통기업 생산성이 몇 년째 하락 중인 것이 한국 직장인들의 마 부장화(化)를 증명합니다.

세상의 변화는 빠른데 마 부장은 어느덧 고정관념 덩어리가 되어 미 래를 과거로 채웁니다. 한때는 꿈둥이였을 마 부장도 원치 않았던 현재 일 겁니다. 새벽형 인간이 좋다니 아침을 달리고 학원을 다니긴 하지만 그것들은 정신의 포토월에 시간 오남용, 혈압과 당뇨, 충성쇼, 나만의 승진 일정표를 그려 넣은 것들은 아니었을까요! 어느 때는 마 부장들에 게 묻고 싶습니다. 사막의 여우와 뱀과 대화하는 어린 왕자의 교훈을 혹시 아직도 기억하는지, 정신의 세계를 사는 여성을 만나면 왜 그리도 낯선지, 10년 뒤 후배들에게 와우! 소리를 들을 수는 있겠는지… 등은 생각하냐고. 생소한가요? 무슨 소리냐고요? 그만큼 직장인들은 멀리 온 겁니다.

30대도 문제는 많아 보입니다.

복근 몸매 만들고 스펙 쌓는다고 새벽부터 바쁘기는 마찬가지. 루저 (Looser) 되지 않으려고 쿡방과 맛집 셰프와 테라로사 위치, 쇼핑몰 서핑 에 해외 직구 사이트 뒤적뒤적, 배달의민족과 마켓 컬리는 손쉽게 불러

쥐야 핫합니다. 거기다 최신 게임에 넷플릭스는 봐줘야 하고 야구 성적과 걸그룹 노래 제목 정도는 기억해야 합니다. 세계 테러와 베네수엘라 경제 몰락, 영국의 EU 탈퇴 등도 상식으로 챙겨야 하고 틈틈이 돈 모아 버킷리스트 유럽 여행도 갔다 와야 겨우 안 꿀리는 정도가 됩니다. SNS에 잘나가는 척, 행복한 척 글과 사진을 채워야 하는 것도 필수. 채우고 또 채우고 더 채우려니 항상 허덕댑니다.

우리 몸이나 기업이나 30대나 이들 모두 거의 채움 중독인데 희한하게도 채울수록 타인과 비슷해지고 열정 대신 편두통만 늘어나지는 않던가요. 기업에는 지구를 생각하는 긴 여정을 짜고 틈틈이 자신의 가지를 자르는 현자는 적고 욕망의 N포 직원들만 와글와글 합니다. 혹 다음과 같은 상태는 아닌지 궁금하네요. 아이디어를 내라면 자기 가슴이나 머리보다는 검색창을 뒤지거나 대행사만 닦달하고, PPT 멋지게 꾸미는 정도의 기획력과 개콘 수준의 유머 감성, 딱 맛집 수준의 디자인 안목과 연 15일짜리 해외여행 떠나는 정도의 모험심만 가진 상태!

만일 위대한 기업이라면 채움 중독에 빠진 이들에게 한 주짜리 리필 휴가보다는 10년을 생각하며 라이프스타일을 리셋하라고 권해야 하는 것은 아닌가요? 아직은 무리겠지요?

노(No), 기업이 안 움직이면 개인이라도 해독하고 비워야지요. 그러려면 먼저 '이것은 자연스러운 것인지?' 스스로 물어야 합니다. 자연성(Naturalness)은 수십만 년 동안 자연 속에서 살아왔던 우리 몸이 원래 좋아하는 것들입니다. 걷고 춤추고 노래하고 좋은 사람과 이야기 나누고 맛있게 먹고 뭔가를 직접 만들고 우주, 생명 같은 더 큰 기원(Origin)에 대해서 생각하는 것이 자연성에 가까운 것입니다.

다음으로는 왜를 물어야겠지요. 왜 일하는 거지, 왜 승진해야 하지? 그러면 중요한 것과 작은 것을 가릴 여유가 생길 겁니다. 회사를 그만두고 프리랜서로 5년을 쉬면서 저는 이것을 절감했습니다. 여유가 생겨야 공감하고 감정이입을 할 수 있습니다. 공감과 감정이입은 생명체 중에서도 인간에게 가장 발달된 능력입니다. 너무 바쁘고 늘 채우다 보면 이게 무뎌지는 게 현대병. 반짝반짝하면서 인간 중심적인 디자인을 추구하는 아이디어 그룹인 아이데오(IDEO)의 작업 방식인 '디자인 씽킹' 시작이 관찰─공감─감정이입이라고 합니다.

더바디샵 창업자인 아니타 로딕은 어려서 독일의 홀로코스트에 충격을 받고 심각하게 인류 문제를 생각합니다. 그리고 그녀는 성장하면서 제3세계 커뮤니티와 인류 문제에 공감하고 감정을 이입함으로써 더바디샵의 철학을 완성합니다.

이제 18세 소녀인 스웨덴의 그레타 툰베리는 2018년 기온 급상승에 충격을 받고 학교 대신 의사당 앞에서 피켓 시위를 합니다. "어떻게 당신들이 감히 이럴 수 있습니까?"라고 매섭게 쏘아붙이는 소녀의 외침은 지구에 대한 감정이입 없이는 나오지 않겠지요. 세계 환경운동가들에게 모델이 되는 파타고니아의 이본 쉬나드도 공감과 감정이입이 잘 되는 기업인이고 BTS의 성공도 아미들의 눈높이에 공감할 줄 아는 능력이 있어서입니다. 모스크바예술학교의 콘스탄틴 스타니슬라프스키가 창안해 연기에 도입된 메소드(Method) 연기도 기존의 외면적이고 양식적인 연기 대신 극 중 역할에 대한 몰입을 강조하는 기법입니다. 우리가 두려워하는 AI는 이게 어렵지요.

지난 100년은 어쩔 수 없고, 다음 100년은 무엇보다 직장인부터 공감과 감정이입을 더 잘했으면 좋겠습니다. 행복하게 살기 위해서요. 세상을 좀 살맛나게 하기 위해서요.

4

저마다 다른 컬처 코드 찾기

　　　　　명저《컬처 코드》의 저자는 클로테르 라파이유입니다. 이 책은 정말 통찰력+재치가 있습니다. 제가 꼽는 몇 안 되는 책입니다. 한국을 찾은 그가 양재 엘타워에서 직장인 대상 특강을 하고 전통예술문화진흥재단이 주관한 '아리랑 국제 심포지엄'에서 기조연설을 했던 때입니다. 참고로 저는 일명 빅헤드 클럽(Bighead 클럽: 허리띠로 머리를 재면 바로 서열이 나옴) 멤버인데 라파이유 박사 헤드가 단연 갑이더군요. 박사는 정신분석학을 전공하고 저명한 구조주의 인류학자인 레비 스트로스에게 배웠고 미국 100대 기업 중 50개 기업을 컨설팅했던 심리학, 마케팅의 석학입니다. 그때 나이 68세. 그는 이런 말을 했습니다.

"콘텐츠는 중요하지 않습니다. 구조가 중요합니다. 여자는 엄마가 되지만 엄마는 여자가 아니지요. 엄마는 그럼 뭐냐? 공간입니다. 여자와 아이 사이에 있는 공간. 엄마를 여자로 보는 것은 콘텐츠로 보는 겁니다. 멜로디도 마찬가지. 멜로디는 각각의 음표에 의해서 만들어지는 것이 아니라 그 음표 사이에 있는 공간에 의해서 멜로디의 변별력이 생깁니다."

좀 어려울 수도 있는 이야기죠. 그는 또 이런 얘기도 했습니다. 뇌 이야기인데 단순하게 좌뇌/우뇌 구분이 아닙니다.

"세 개의 뇌가 있지요. 포유류의 뇌, 인간의 뇌 그리고 파충류의 뇌. 대뇌피질은 이성을 관장하고 그 아래 대뇌변연계는 감성을 담당하는데 사람들은 이성보다 감성에 더 기대서 선택합니다. 파충류처럼 생긴 파충류의 뇌는 가장 먼저 생겼고 생존과 생식을 담당하는 뇌입니다. 인간은 무엇보다 생존을 위해서 환경에 적응하는 문화를 만들고 환경이 다 다르기 때문에 문화가 달라지고 이것이 특정한 경험에 의해 개인의 뇌에 각인(Imprinted)되면서 집단의 컬처 코드가 만들어집니다. 그래서 파충류의 뇌가 항상 승리하는 것입니다. 세계 금융계의 실패는 결국 대뇌피질 즉 인간의 뇌에 의존했던 사람들의 실패입니다."

컬처 코드는 경영과 마케팅에서도 강력한 힘을 발휘합니다. 박사는 컬치 코드를 적용해서 나라별 코드를 도출했는데요. 이를테면 프랑스인의 저녁은 '연주'인 반면 미국인의 저녁은 '연료(Fuel)'라고 합니다. 프랑스인은 만찬을 연주하듯이 즐기는데 일 중독, 성공 중독자인 미국인은 저녁을 다음에 쓸 연료로만 채운다는 거죠. 한국인은 어떨까요?

그의 코드 분석은 경영에도 통찰을 줍니다. 자동차 회사 GM이 일본차에 밀려 망할 뻔했었지요. 그 회사를 분석하고는 컬처 코드를 '소련연방'이라고 도출했습니다. 상징의 힘을 모르고 개성과 창의가 없고 군홧발로 짓밟으면 된다고 생각하는. 캐딜락이 안 팔리니까, BMW나 도요타같이 작은 차가 잘 팔리니까 캐딜락의 코드를 모르고 '그냥 작으면 팔린다'라는 단순한 발상을 하는 게 그 이유랍니다.

그는 한국의 가치와 〈아리랑〉의 가치도 코드로 설파했습니다. 한국은 '낀 나라가 아니라 연결의 나라'로 보아야 한다고 주장합니다. 대륙과 해양을 연결해주는 커넥터가 한국이라는 건데 근거로 한민족의 노래인 〈아리랑〉에 나오는 '고개(Passage)'를 특히 주목합니다. 고개는 이쪽과 저쪽을 연결해주는 커넥터라는 거죠. 아리랑 고개가 그동안 '십 리도 못 가서 발병 나라'는 저주와 한의 상징이었다면 이제는 남한과 북한을 잇는 연결의 상징이 되어야 하고 늘 으르렁대는 중국, 러시아, 일본, 미국을 서로 연결해주는 국가가 되어야 하고 그것이 한국의 새로운 사명이라는 겁니다.

박사는 〈아리랑〉의 사랑과 미움도 이를 적대 관계가 아니고 —'페이소스(Pathos)를 동반한'(이 부분은 필자의 임의 해석임)— 긴장 관계로 보더군요. 〈아리랑〉엔 그런 긴장이 살아 있기 때문에 오랫동안 국민 노래로 살아

온 거라며.

박사가 말한 '구조', '파충류의 뇌', '컬처 코드', '연결', '긴장'… 우리는 각자의 일에서 이런 개념들을 어떻게 받아들여야 할까요?

삼성과 LG, 카카오와 네이버는 분명히 컬처 코드가 다를 겁니다. 전에 다음과 카카오가 합쳤을 때, 서로 다른 컬처 코드를 상호 이해했다면 다음 커뮤니케이션 직장인들이 그렇게 많이 나가지는 않았을 겁니다. 저는 다음의 대표 상품인 아고라와 카카오의 대표 상품인 메신저, 네이버 밴드 서비스에 컬처 코드가 숨어 있다고 봅니다. 지금 네이버는 해외 진출 중인데 그 나라의 컬처 코드를 읽어볼 필요가 있습니다. 디즈니는 세계 여러 나라에 다 안착했는데 유독 프랑스에서는 실패했습니다. 프랑스인들은 디즈니를 빠르게 돌아다니면서 소비를 하는 게 아니라 카페에 앉아서 죽 때리는 문화였던 겁니다('연주'와 '연료'의 차이). 프랑스에 많은 노천카페를 보세요. 그걸 놓친 거죠.

컬처 코드를 특별하게 해석하면 의외의 기업 성과가 나오기도 합니다. 붕어빵 골프장으로 유명한 스카이72 골프장은 영종도 간척지를 개척해서 만든 골프장인데 제가 늘 감탄하는 곳입니다. 그들은 골프를 사교나 접대, 스코어 게임이 아니라 뜻밖에도 펀(Fun)으로 코드를 설정하고 골프에서 펀을 찾는 독특한 운영으로 대성공을 거뒀습니다. 요즘 마켓 컬리 광고를 보니 거기도 먹는 즐거움(펀)으로 잡은 듯하더군요. 그런데 스카이72의 펀은 단순히 웃고 즐기는 B급 펀이 아닙니다. 은근 페이소스가 있습니다. 이게 정말 신의 한 수입니다. 주말 골퍼 대부분은 비즈니스맨들인데 이들의 주중은 사실 페이소스와 긴장의 연속입니다. 그런 주말 골퍼들이 골프장에 와서 그 긴장을 풀고 재밌게 쉬라는 뜻을 펀 콘텐츠로 녹인 것입니다. 붕어빵은 주말 골퍼들의 가난했던 어린 시절을 추억하게 하는 시그니처 서비스이고 골프장 곳곳에 배치된 글판에도 펀과 페이소스가 같이합니다. 예로,

"골프는 여행 가방과 같다. 우리는 너무 많이 담으려고 한다."

"나 죽으면 골프장에 묻어주오. 그래야 남편이 나를 찾아올 것 아니겠소."– 어느 골프광의 아내

"미스샷을 하면 다른 팀 동반자도 쳐다보지만 오잘공(오늘 제일 잘 친 공)을 치면 동반자도 쳐다보지 않는다."

이런 글들은 얼핏 웃기지만 내면에는 진실의 페이소스가 있지요. 사실 골프 역사 자체가 그렇습니다. 골프는 스코틀랜드의 해안가 목동들이 링크스(Links) 지형에서 심심풀이로 즐기던 놀이로 알려져 있습니다. 그러나 그 놀이에는 힘들고 가난했고 놀 거리 없던 목동들의 슬픈 페이소스와 펀이 진하게 담겨 있습니다. 골프엔 깊은 러프와 벙커, 위험한 해저드, 거센 비바람, 양이 먹을 풀을 먹어치우는 못된 토끼, 바닷가 추

위와 더위 같은 장애가 있습니다. 목동들의 페이소스지요. 그런데 이것은 사업을 하는 사람들 상황과 거의 닮아 있어요. 그래서 특히 사업하는 분들이 골프를 좋아하나 봅니다. 코드가 맞으니까요. 우린 저마다 다 컬처 코드가 있을 겁니다. 잘 찾아보세요, 여러분의 컬처 코드는 무엇인지?

뻥 세상을 잘 살아간다는 것-이태석 신부를 추모하며

2021년 1월, KBS가 2010년 9월에 제작한 다큐 영화 〈울지 마 톤즈〉를 뒤늦게 보았습니다. 늦어서 송구합니다. 내레이션 위주의 영화인데 망치로 가슴을 치는 느낌이었습니다. 도저히 보고만 그칠 수 없어 특별히 이 칼럼 제목에 부제를 달아 그를 추모합니다. 이 칼럼의 제목은 원래 '뻥 세상'이었습니다. 그러나 신학, 의술, 음악, 교육 등 정말 다양한 재능으로 아주 잘 살 수 있었음에도 남수단 오지에서 버려진 한센인, 불신의 아이들, 가난한 병자들을 위해 이태석 신부가 살았던 이 땅인데 모두가 뻥 세상이라고 매도할 수는 없었습니다. 그분의 뒤에서 묵묵히 도왔던 '노(No) 뻥!' 분들도요. 그래서 원래 글은 살리되 따뜻한 관조로 문장 톤을 바꿨습니다.

위험한 구루들

앨빈 토플러는 1980년에 명저《제3의 물결》을 통해서 지식의 중요성을 강조했고 그 후로 지식은 자본과 토지 이상의 생산요소가 되었습니다. 화이트칼라 직장인들은 토플러의 예언에 환호했고 열나게 지식을 탐식했습니다. 1990~2000년대에 특히 그랬습니다. 그들에게 크게 영향을 미쳤던 그룹이 있었으니 바로 컨설턴트와 '구루(Guru)'입니다. 직업이 컨설턴트, 미래학자, 경영사상가, 과학사상가, 트렌드 리더들입니다. 구루는 힌두교 등에서 자아를 터득한 신성한 교육자를 지칭하는데 피터 드러커, 조지 메이오, 톰 피터스, 마이클 포터, 클레이튼 크리스텐슨, 짐 콜린스, 게리 해멀, 세스 고딘 등은 세계적인 경영 구루들로 인정을 받았습니다. 언론사에서 주최하는 지식 포럼에 가면 이들 구루 세션은 늘 인산인해였습니다.

그런데 헉 이런! 나중에 보니 그들 중에 뻥쟁이가 꽤 많았답니다. 뻥은 거짓말하고는 다릅니다. 거짓말은 없는데 있다고 속이는 것이지만 뻥은 1~2 정도 사이즈를 9~10이라고 튀기는 기술입니다. 한 줌 곡물을 기계에 넣어서 곰 얼굴 크기로 튀기는 기술!

이제 경제경영에서 나왔던 뻥 사례를 좀 볼까요. 먼저《위험한 경영학》은 경영 컨설턴트계의 이단아라고 불리는 매튜 스튜어트가 쓴 책입니다. 그는 원래 철학도였습니다. 돈을 벌려고 경영 컨설턴트계에 발을 들여놓고 곧 자신도 의아해할 만큼 급성장해 최고의 컨설턴트 반열에 오릅니다. 그러나 그는 그 때문에 오히려 경영 컨설턴트들의 사기에 가까운 실체를 깨닫게 됩니다. 일종의 내부자 고발인 이 책의 차례는 1장 과학적 경영이라는 거짓말, 2장 인간중심 경영이라는 거짓말, 3장 전략적 경영이라는 거짓말, 4장 경영 대가들의 거짓말 등으로 되어 있습니다. 여기서 그는 과학적 효율성 개념을 창안한 프레데릭 W. 테일러의 테일러주의의 뻥을 비판하고 이어서 인간중심 경영을 주창한 엘턴 메이오의 뻥 실험들부터 《초우량 기업의 조건》의 저자 톰 피터스까지 속칭 대가들의 뻥튀기를 까발립니다. 특히 앞의 두 분은 경영학의 사례와 이론이 빈약했던 하버드대학교 경영학부와 이해가 맞아떨어지면서 유명 이론으로 만들어졌다고 고발합니다. 다 믿고 싶지는 않지만 그의 글은 근거 자료가 꽤 디테일해 마냥 뻥 같지는 않습니다. 그는 또한 MBA에 대해 부풀려진 뻥을 깨면서 경영학 공부보다 차라리 소설책을 읽거나 철학을 공부하는 것이 생산적이라고 조언합니다. 사실 경영학과 나온 친구들이 대체로 상상력과 진취성이 없는 것은 동의합니다.

그뿐이면 좋은데 1990년대 후반에 유행했던 사내벤처제도, 성과급 제도, 리엔지니어링, 온돌 효과, 한 우물 경영, 시그마 경영, 블루오션 전략 등등은 어떤 기업은 맞고, 어느 시대에는 맞지만 어느 지역에서는 안 맞는 뻥 이론들로 판명이 났습니다. 2000년대 초에 소개된 켄 블랜차드의 《칭찬은 고래도 춤추게 한다》는 조직관리, 교육 등에서 인기 있던 이론인데 직장에 적용해봤더니 인간은 고래가 아닌 걸로 판명되었고, 최근 영국에서도 칭찬만 하는 것은 독(毒) 교육으로 판명 났습니다. 인간은 신성(神性)과 동물성을 동시에 가진 존재니까요. 호아킴 데 포사

다가 공저한 《마시멜로 이야기》(눈앞의 유혹을 참는 어린이가 결국 성공한다는 이론)는 쉽게 쏙쏙 와 닿아 상사와 교사들이 열광했던 이론입니다. 그런데 이것도 뻥인 걸로 판정 났습니다. 역사학자 아놀드 토인비에서 퍼와고 이건희 회장이 곧잘 인용했던 '메기효과(Catfish effect)' 이론, 자기계발 강사들이 애용하는 '독수리의 창조적 파괴'(30년이 지나면 독수리는 스스로 아무것도 먹지 않고 무뎌진 부리를 깨뜨린다는 주장), 그리고 '끓는 물에 던져진 개구리' 반응(오클라호마 대학교의 빅터 허치슨 실험에 따르면 그동안의 자기계발 강사들 주장과는 달리 개구리는 끓는 비커 물에서는 바로 근육이 익어버리고 오히려 미지근한 물에서는 기어 나옴) 등도 뻥이거나 심지어 거짓으로 드러났습니다. 신부님, 이를 어째요!

이런 고발은 시간이 흐를수록 부쩍 많아졌습니다. 좀 온건한 고발로는 행동경제학 입장이 있습니다. 2차 세계대전 때 홀로코스트를 겪고 독립 이스라엘에서 아랍 세력과 수많은 전투를 치렀던 유대인으로서, 행동경제학을 태동시킨 대니얼 카너먼과 아모스 트버스키는 《생각에 관한 생각》을 통해서 경제학자, 경영자, 의사, 도박 예측가들이 얼마나 많은 실수를 저지르는지 밝혀냈습니다. 학자들이 그렇게 한 것은 인간은 합리적으로 판단한다는 가정 때문입니다. 사람의 사고에는 '시스템 1(심리와 감정에 의지한 사고 시스템)'과 '시스템 2(이성과 논리에 기초한 판단)' 사고 두 가지가 있는데, 인간이 늘 시스템 2 사고를 한다는 것은 학자들의 뻥이고 실상은 시스템 1에 의존해서 어림짐작 판단(Heuristics)을 한다는 거지요. 주먹이 날아오면 이성(시스템 2)으로 판단하지 않고 본능적으로 피합니다. 콩깍지가 씌어서 사랑에 빠진 커플도 정말 많습니다. 자기 자식을 시스템 2로 보나요? 부모 사랑은 늘 고슴도치 사랑이지요. 블론드 백인 여인과 뚱뚱한 흑인 남자가 있으면 블론드 여인이 죄를 저지를 리 없다고 판정하는 배심원 비율은 늘 높습니다. 미국 교도소에는 압도적으로 흑인과 이민자, 소수자가 많습니다. 자기가 믿는 것만 본다는 확증 편향부터 손실 회피 가치이론(후에 '전망 이론'으로 수정), 대표성, 회상 용이, 소유 효과, 닻 내리기와 피크엔드 효과(peak-end effect) 등은 행동경제학의 재미난 고발들입니다. 이들이 나중에 노벨경제학상을 받은 것을 보면 그들의 고발이 맞았나 봅니다. 이들의 연구가 사회에 수용되기까지 투쟁 과정을 밝힌 마이클 루이스의 《생각에 관한 생각 프로젝트》를 보면 기득권자인 경제학자, 철학자, 의사들의 반발이 얼마나 극심했는지 여실히 나옵니다. 이런 행동경제학 말고도 점점 내부 고발 책들이 많이 나옵니다.

- 《대량살상 수학무기》-수학 천재들이 모였다는 월가의 수학 시스템 뻥을 고발
- 《안티프래질》, 《모든 악마가 여기에 있다》-월가의 거짓 비판
- 《생각 조종자들》-구글, 페이스북 등 인터넷 공룡기업들의 뻥 도덕성을 고발
- 《차가운 계산기》-경제학적 사고의 뻥에 대한 경고
- 《우리는 어떻게 괴물이 되어가는가》-신자유주의와 능력주의 뻥에 대

한 경고. 《공정하다는 착각》도 이와 유사

- 《돈 비 이블, 사악해진 빅테크 그 이후》–구글, 페이스북 등의 감시와 데이터 판매, 독점 로비 등 비판

위와 같은 뻥들을 가능하게 만든 궁극적 토양으로서 자본주의 자체에 대한 고발도 많습니다. 달콤한 약속이었던 자본주의가 불평등을 심화시켰다는 비난은 토마 피케티의 《21세기 자본》, 장하준 교수의 《나쁜 사마리아인》처럼 많지요. 2008년 금융위기 이후 세계화, 신자유주의는 늘 뻥쟁이 나쁜 놈입니다. 전통적 경영의 축인 주주 중심, 이윤 극대화를 통한 성장도 그렇습니다. 홀푸드 창업자 존 매키가 쓴 《돈 착하게 벌 수는 없는가》, 경영철학자 찰스 햄든 터너의 《의식 있는 자본주의》 등은 경영 이념들도 뻥이라고 합니다. 통계를 보면 돈보다 사람과 목적을 중시하는 회사가 장기적으로 더 성장했다는 것입니다.

사회도 뻥쟁이들이 많아

시민과 SNS에도 뻥 많지요. 2016년 미국 대선에서 트럼프 당선을 예언해서 유명해진 데이터 과학자 세스 스티븐스 다비도위츠는 검색어로 구글 트렌드를 분석해 《모두 거짓말을 한다》를 썼습니다. 거기에 "미국인 대다수가 구글에 매우 사적인 사항을 검색한다는 강력한 증거기 있다. 미국인들은 '날씨'보다 '포르노'를 더 많이 검색한다. 남성 25%

와 여성 8%만이 포르노를 본다고 인정한 설문조사 데이터와는 거리가 한참 멀다"라고 폭로했습니다. 미국인도 뻥을 친 거지요.

2021년 1월 6일, 트럼프와 그 지지자들이 미국 민주주의를 파괴하는 초유의 일이 있었지요? 트럼프에게 대선 불복을 사주받은 시민들 수백 명이 미 의회에 난입해서 의회가 바이든 대통령 당선을 승인하는 것을 방해한 사건입니다. 이 어이없는 일의 배경에는 큐어넌(QAnon)이라는 음모론 집단이 있었다고 합니다. 이들은 코로나19 조작설, 마스크 백신 무용론, 딥 스테이트(Deep State, 민주주의 밖에서 암약하는 군부세력이나 정보기관. 터키 군부에 처음 사용)의 선거 조작 및 언론 장악설을 믿는 자들입니다. 그들은 SNS를 통해서 그들의 양극화된 정파성을 여과 없이 뻥치며 공유했습니다. 토요일이면 광화문에 모이는 어떤 집단의 양태를 보는 것 같습니다. 그들 중에는 코로나도 자신들을 피해 간다고 뻥치다가 제대로 걸렸습니다. 2020년 대선에서 광기의 트럼프를 지지한 미국인들이 무려 47.7%라고 하는데 이들은 정보의 사실적 공유라는 뻥 SNS의 고객들이십니다.

시민사회에 뻥이 생겨나는 또 다른 이유로 사회 생태계 구성이 복잡해진 것을 들 수 있습니다. 바벨탑의 전설처럼 도시 괴담, 유비통신, 국뽕, 음모론에 더해 덕후, 소수자, 개발자들이 늘어나는 게 현재인데 그들은 자기 얘기들을 믿게 하려고 또는 영업 수단으로 조그만 사실을 곰 얼굴처럼 부풀립니다.

집과 직장의 언어들도 믿기 어렵지요. 집에서는 자식들에게 아름다운 꿈을 꾸고 책 많이 읽으라는 아빠는 정작 그렇지 않은 경우가 대부분입니다. 아빠에게 답을 물으면 아빠는 "이 자식아, 아빠도 이 지구 행성에 온 지 얼마 안 됐거든" 하며 뻥칩니다. 닭들이 A4지 사이즈 공간에서 키워지는 TV 다큐를 보던 엄마가 "아휴, 못됐어, 인간들" 하고는 마트에서 동물복지 인증 달걀을 "좀 비싸네" 하며 왕란을 삽니다. 별로 비싸지도 않은데 괜히 가격 뻥을 칩니다. 직장에서 "자자, 우리도 이제 소셜하게 소통하자고." 이 말에 속을 드러내는 것은 신입사원과 하수들입니다. 상사들이 바란 소통은 사실 시늉이었는데 이들은 그걸 '찐'으로 뻥 오인한 겁니다.

갓뎀 혁신은 어떤가요? 혁신의 혁(革) 자는 고기 가죽을 펴서 사람에게 좋게 만드는 것을 뜻합니다. 제 기억으로는 1990년대 중반부터 바꾸라, 혁신하라는 주문이 터졌습니다. 고 이건희 회장이 '제2 창업'을 선언하면서 "아내와 자식 빼고 다 바꾸라" 주문하고, 또 하버드 경영대학원 크리스텐슨 교수가 1997년에 '와해성 혁신(전통적인 기대와 전혀 다른 기능이나 내용을 지닌 제품을 제공함으로써 새로운 시장의 욕구를 충족시키는 혁신)'을 제시했습니다. 그로부터 25년이 흘렀는데도 주변에서 혁신적인 문화, 혁신적인 사람들 별로 보지 못했습니다. 10번 시도 중에 1개만 성공하는 것이 혁신인데, 8~9번의 실패와 그 후환이 두려우니 다 엉덩이들을 뺍니다. 조직은 구글, 넷플릭스, 테슬라 등을 말하면서 창조적 실패를 구슬리지만 이 말을 믿고 움직인 혁신가들은 대체로 승진 명부에 없습니다.

빅데이터와 AI가 대세이며 정확하다고 합니다. 바둑의 이세돌도 이 겼으니 믿을밖에요. 그런데 디자인 씽킹(design thinking)의 전설로 불리는 래리 라이퍼 교수는 AI를 믿지 말라고 일갈합니다. AI는 맥락 사유를 할 수 없고 앞으로도 그것은 불가능하니 AI도 인간이 만든 뻥이라는 거지요. 그래도 요즘 대기업들은 사원 면접을 AI로 대체하는 추세입니다. 인간을 못 믿는 겁니다. 아, 온통 뻥 세상, 어쩔 거야!

정리합시다. 물론 대가, 멘토, 구루, 상사, 아빠 엄마가 전지전능한 신은 아닙니다. 그분들도 이 지구 행성에 온 지 얼마 안 되는 아직 낯선 행인들입니다. 그런데 세상이 너무 복잡하고 빠르고 우리 뇌는 아직 작습니다. 달리 생각해보면 상식과 진실만 있는 세상도 감옥일 겁니다. 그래서 우리는 '어뻥(어쩔 수 없이 뻥쟁이가 된)'을 용서합니다. 이것이 우리가 피노키오를 좋아하는 이유일 겁니다. 뻥 세상을 잘 살아가는 것도 인간의 조건이라고 생각하면 조금은 조심하며 제 길을 갈 수 있겠지요.

필자 주) 다큐 〈움지 마 톤즈〉의 마지막은 생전에 음악을 사랑했던 신부님이 정성으로 돌봤던 딩카족 아이들
브라 스밴드가 신부님의 마지막 장례미사 영상까지 보고는 울면서 단체로 부르는 〈사랑해 당신을〉과 톤즈
사람들이 모 여 신부 영정을 맞는 장면으로 끝납니다. 2020년에는 영화로도 만들어졌습니다.

6

낮은 음성의 위로

"인생 16년 금방이야."

큰아들 녀석이 동생에게 툭 던집니다. 그보다 세 배나 더 산 이 몸이 어이실종 표정으로 쳐다보자

"아빠, 벌써 열여섯 살이에요, 휴."

'어쩌라고.'

스무 살 생일 축하한다고 했더니 "이젠 10대가 아니라고요"라며 우울해하던 여학생이 떠오릅니다. 나이 먹어서 좋은 사람은 없나 봅니다. 나이, 결국은 지나온 세월! 하루하루를 보면 꽤 길지만 지나온 세월을 되돌아보면 앨범 한 권도 안 됩니다. 왜 지나간 세월은 그렇게 짧게 느껴지는 걸까요? 여러 설명이 있는데 저는 '주름 효과' 같습니다. 쥘부채 아시죠? 접으민 한 손에 들어가지만 펼치면 매우 넓이지듯이 자잘

한 것은 기억 속에 접혀버려서 없는 것처럼 느껴집니다. 입학, 졸업, 결혼, 출산, 첫 승진, 죽음 같은 시간만 몇 개 기억되지요. 실제로 인생에서 그 순간들은 0.01%도 안 되는데 말이지요. 산을 탈 때 높은 봉에서 멀리 보면 금세 갈 것 같지만 실제 걸어보면 꽤 멉니다. 숨어서 안 보이는 긴 계곡들 때문입니다. 그것이 산의 주름! 시간, 역사도 마찬가집니다. 5,000년 역사가 고작 국사 교과서 한 권에 들어가고 역대로 수억 명이 살았을 이 땅인데도 '한국을 빛낸 100인의 위인'으로 퉁쳐버립니다. 저도 포트폴리오를 만들어보면 A4지 한 장도 안 됩니다. '겨우 이거에 몇십 년을 보냈나?' 그러나 그 세월의 주름을 쫙 펴보면 망설임과 게으름, 평범한 것에 집착, 헤맴, 반대자와의 헛된 싸움, 뜻밖의 일로 원점회귀나 퇴행했던 일들이 곳곳에 숨어 있습니다. 이런 것들이 시간 주름 속으로 숨어버려서 '뭐 했나?' 회한이 들죠. 이 안 보이는 '주름'은 시간에도 있고 사람들 사이에도 있을 겁니다.

골프황제 외도의 비밀

사회심리학자들은 세대 차이를 파악하려고 골머리를 싸매지만 대부분 '주름 무시의 오류'를 저지릅니다. 흔히 20대를 도전적, 미래지향, 도시 생활(Urban Life), 세련이라고 정의합니다. 20대가 정말 그런가요? 20대의 주름인 불안감, 의타심, 비겁함, 철없음 등을 모르면 실패와 예약한 겁니다. 스타트업은 다 독특한 기술과 상상력, 선의, 돌파력이 있다고 하는데 그게 정말일까요? 그들의 도덕적 해이와 무책임한 모방, 만용으로 낭비하는 예산은 왜 그냥 넘어가지요? 이것도 사회의 주름들이고 우리는 이 주름들을 정말 잘 보아야 합니다.

주름, 주름 하다 보니 세상 시름에 주름 펼 날 없었을 중세 독일 소녀 신데렐라가 생각납니다. 왕자의 주름도요. 재 묻은 아가씨인 천한 소녀가 어떻게 왕자의 마음을 얻었나? 문득 궁금해집니다. 이럴 때 "그거 그냥 동화잖아"라고 하시는 분은 '크리에이티브'업에 종사하지 마십시오. 엉뚱한 데에 궁금해해야 크리에이티브해지는 겁니다. 자, 상상해봅시다. 재투성이 소녀는 어떤 마법으로 왕자의 마음을 얻었을까요? 미모, 유리 구두, 세련된 춤으로? 에이 설마요. 무도회엔 왕국 최고의 미녀, 귀공녀들이 모였을 텐데요. 요정의 비비디 부 바비디 부 마술로? 요정은 궁에 들어가지 않았습니다. 왕자의 별난 취미로? 동화 속 왕자가 변태거나 또라이 같지는 않습니다. 그럼 뭘까요?

디즈니 영화 〈미녀와 야수〉에도 힌트가 나오지만, 현실계에도 참고할 사례가 있습니다. 골프황제인데 상습적으로 외도를 하다가 아내한테 골프채로 맞아 망신거리가 된 타**** 기억하지요? 이에 대해 임진모 대중음악평론가가 재미난 분석을 했습니다. 타****가 외도한 여성들 대부분이 그의 아내보다 집안, 학벌, 미모가 다 떨어진다는 사실에 힌트가 있답니다. 평론가는 모든 것을 다 갖춘 도도한 아내가 아니라 식당 바 걸, 웨이트리스 같은 평범한 여성들이 어쩌면 골프황제 귀에 속삭였을 '낮은 음성의 위로'를 상상합니다. "아내는 남편의 엄청난 성공조차 낮잡아보고 더 많은 돈을 벌어오라고 채근했겠지요. 그럼 클레오파트라도 보기 싫지요. 반면 그 여성들은 골프황제에게 낮은 소리로 '그 마음 알 것 같아요' 했을 겁니다. 최고의 성공남은 거기서 무너져요." 오, 그렇다면 신데렐라도 낮은 음성의 위로를 왕자에게? 다시 상상해봅니다. 무도회장 구석에 엉거주춤 앉아 있는 신데렐라. 불안한 눈빛, 무도회의 화려함에 얼이 빠져 벌어진 입, 두리번거리며 누군가에게 구원을 바라는 소녀, 무도장의 귀공녀들과는 다른 순수한 광채. 그에 호기심을 느낀 왕자가 춤을 청했을 때 신데렐라는 왕자의 귀에 마법 같은 '낮은 음성의 위로'를 전했을 겁니다. "왕자님, 외로워 보이세요. 왜죠?" 권력만 노리는 것들에 둘러싸인 외로운 왕자의 주름을 보듬은 대가로 유리 구두 소녀의 신화는 완성됩니다.

더는 오를 곳이 없는 피겨여왕 김연아, 벤츠200 탄 CEO, 40대 직장인의 주름, 악플에 시달리는 셀럽, 폐경기 50대 맘, 카카오택시를 부를 줄 모르는 아저씨… 이런 주름에 '낮은 음성의 위로'를 들려줄 수 있을까요? 잘나가는 구독팔이 유튜버, 영혼 상실 인플루언서, 심장 없는 혁신가, 소비 지름신 왕홍, 'SKY 캐슬' 부모들, 세상의 계곡을 모르는 기레기/법레기들은 '낮은 음성의 위로' 마법에 주목하세요.

7

너는 아들이냐, 하숙생이냐

회사를 그만두고 한 달쯤인 그날은 송도 P 호텔에서 모 경제대학원 특강을 했습니다. 경제부 기자, 애널리스트, 자산운용사 직원, 사업가 등이 대상입니다. 영업과 마케팅의 다른 점에 대해 말하고 나서 '미래 마케팅 6코드' 중 욕망과 가치, 문화 세 개에 대해서 말했습니다. 욕망은 신과 동물 사이에 선 인간의 틈이며 가치는 그 틈을 잇는 지향이고 문화는 그 지향을 실천하는 콘텐츠며 과정이라고 했습니다. 특강이 끝나자 질문이 꽤 들어옵니다. 대답하면서도 아내가 말한 게 두통처럼 떠오릅니다. 끝나고 경인고속도로를 따라 차를 모는데 다시 아내 성화가 들리는 것 같습니다. 직장에 다닐 때는 바빠서, 지금처럼 불안한 프리랜서일 때는 나 챙기기에도 바쁘다 보니 집과 아이들은 뒷전이었습니다. 첫째는 고딩 3이라 공부를 하는 눈치인데 중딩 작은놈이 얼마 전부터 친구들과 어울려 영 늦게 들어옵니다. 좁은 과천에서 뻔하지요. PC방, 노래방 아니면 친구 집에서 수다방. '그럴 수도 있지' 하면서 말을 안 했더니 아내 속이 불타는 모양입니다.

그날 밤, 중딩이 아들이 좀 일찍 11시쯤에 들어왔습니다. 자리에 앉히고 단도직입적으로 물었습니다.

"너는 하숙생이냐, 아들이냐?"

아들이 즉답합니다.

"아들인데요."

다시 물었습니다.

"아빠가 25년간 직장을 다니다가 퇴직했는데 너는 그동안 수고하셨단 소리를 안 했다. 게임에 빠져 앞으로 네가 도와야 할 것을 묻지 않았고, 엄마가 지금 기분이 어떤지 묻지도 않고 매일 늦고 집에서는 잠만자는데 그게 과연 아들일까?"

저는 중딩이가 어리다고 생각하지 않습니다. 그 나이에도 집을 책임지는 아이가 있으니까요. 이런저런 긴 얘기 끝에 마지막으로 물었습니다. 미래형으로.

"너는 하숙생일 것이냐, 아들일 것이냐?"

이번엔 아들이 진지하게 답합니다.

"아들일 것입니다."

마지막으로 물었습니다.

"아들이면 어떻게 하겠느냐?".

"게임을 끊을게요. 아들로서 엄마 일을 돕고 우리 집을 생각하고요."

그 뒤로 아들은 게임을 끊었습니다. 7년을 싸워왔던 전쟁입니다. 엄마 설거지도 며칠은 돕는 체합니다. 그런 아들의 변화를 보면서 저는 더 생각해봤습니다.

지구 하숙생

나야말로 아내에게도 내 어머니에게도 하숙생이었습니다. 가수 최희준이 "♬인생은 나그네 길. 어디서 왔다가 어디로 가는가?"라고 노래한 〈하숙생〉처럼. 아들일 것을 맹세한 아들도, 아내에게 빵점인 저도 결국 하숙생일 것입니다. 누구도 하숙생 삶을 피할 수는 없습니다.

'그럼 나는 어떤 하숙생일까.'

분류하자면 네 종류의 하숙생이 있습니다.

하숙생 1은 매일 밤늦게 돌아와 잠만 자는 처지임에도 매사 불평하고 '어차피 내 집도 아닌데…'라며 함부로 합니다.

하숙생 2는 피 같은 하숙비를 근거로 하숙 정의와 주권을 위해 다른 하숙생과 연대해 주인과 투쟁합니다.

하숙생 3은 다 더럽다며 다른 하숙집을 조용히 알아봅니다.

하숙생 4는 다음 하숙생을 위해 조심 깨끗하게 사용하고 하숙집 여건을 살피면서 마음을 다해 조언합니다.

결국 어떤 하숙집은 늘 어지럽고, 어떤 하숙집은 매일 투쟁하고, 어떤 하숙집은 텅 비게 되고, 어떤 하숙집은 점점 밝아질 겁니다. 이 하숙집은 가정, 마을, 궁극적으로는 지구와 우주도 되겠지요. 끝내 어떤 하숙집이 밝아질지는 《중용(中庸)》 '23장'에서 "작은 일도 무시하지 않고 최선을 다해야 한다. 작은 일에도 최선을 다하면 정성스럽게 된다. 정성스럽게 되면 겉에 배어 나오고 겉에 배어 나오면 겉으로 드러나고 겉으로 드러나면 이내 밝혀지고 밝혀지면 남을 감동케 하고, 남을 감동케 하면 이내 변하게 되고 변하면 생육된다"라고 짚은 바대로 될 것입니다.

169.5의 커뮤니케이션

키 큰 여자 후배가 제 키를 묻기에

"169.5"라고 답했습니다.

그랬더니 후배가

"에이, 170이라고 하세요. 남자가 170은 돼야죠."

그래서 말했습니다.

"170이라고 하면 뭐라고 생각할 건데?"

그랬더니 히히 웃으면서

"당근 167이나 168 정도로 보겠죠."

"169.5라고 하면?"

"'어! 이 사람 솔직하네'라고 생각하겠죠."

"오리! '169.5의 키뮤니케이션' 그거 말 된다."

솔직히 말하면 알아서 챙겨주는 몫이 있지요. 이게 169.5라고 말하는 사람이 받는 보너스입니다. 그런데 현실은 오히려 "나, 172야(키높이 깔창 포함)"로 갑니다. 그래서 반작용으로 넘겨짚는 문화가 꽤 만연합니다.

- 생얼 미녀가 "저 자연산인데요" 하면 '흠, 진짜 꽤 썼겠는데.'
- 백신 보도를 보고 '가진 자만 맞겠지 뭐, 효과는 있나?'
- 정부의 부동산 억제 대책이 나오면 '집값 더 오르겠는데.'

이런 넘겨짚기 문화로 인해 진실, 권위 모드가 안 먹힙니다. 조회, 좋아요, 구독 콘텐츠, 국뽕, 틱톡, 기레기의 낚시 기사, 뻥 커뮤니케이션이 많아져서 넘겨짚기도 이젠 피곤합니다. 그래서 '나라도(島)'로 가야겠습니다. 거기서 나라도 169.5라고 말하며 살아야겠습니다. 170의 키가 부럽지만 0.5만 정직해지면 169.5까지는 믿어주겠지요.

25년 만의 졸업*

대학을 졸업하고 25년을 일했습니다. 광고, 마케팅, 문화 컬래버레이션, 브랜드 그리고 글쓰기. 그렇게 25년이 갔습니다. 그리고 2014년 3월 봄이 오기 직전, 저는 제 자신에게 안식년을 주기로 했습니다. 우리 기업엔 안식년 제도가 없으니까요. 그리고 기업인 스스로 닭장 속 암탉처럼 용도 폐기가 될 때까지 알만 낳는 게 당연하다고 생각하니까요. 그 알이 건강한 알이든 아니든 상관없습니다. 낳는 게 중요합니다. 그렇게 우리는 스스로 암탉 인생을 살았습니다.

과거까지는 그게 통했습니다. 실제로 베이비붐 세대는 그렇게 살았습니다. 그런데 상황이 바뀌었습니다. 이제부터 우리는 70까지는 일을

---

* 이 글은 2014년 회사를 그만두면서 쓴 칼럼입니다.

해야 합니다. 남자라면 27세쯤에 사회생활을 시작해서 무려 40여 년을 일해야 하는데 강산이 네 번 바뀌는 시간입니다. 문제는 쉼이 없고 재충전이 없는 사회 시스템이 우리를 결국은 다 닳은 칼날로 만들어버린다는 점입니다. 날이 서지 않은 칼이 칼인가요? 그러니 쉬어야 합니다. 그런데 문제는 또 있습니다. 여자와 자식들입니다. 그들에게 남편 또는 아빠는 일과 동격이고 일을 하지 않으면 남편도 아니고 아빠도 아닙니다. 그걸 의식하는 남편, 아빠들은 스스로 일터로 내몰립니다. 치사해도 일을 해야 합니다. 가장 소중한 아내와 자식들이 일터인지 전쟁터인지도 모를, 윤태호 만화가 말대로라면 '먼지 같은 일을 하는 세상'으로 남편과 아빠들을 몰아붙이는 문화. 여기에 또 아침형 인간이라는 희한한 슈퍼 암탉 숭배와 "꿈을 꿔, 넌 할 수 있어"라는 긍정주의가 가세합니다. 무서운 노동 프레임입니다.

그런데도 안식년 시스템과 문화가 없으니 어찌할 수 없습니다. 우리라도 우리 자신에게 안식년을 주어야 합니다. 전에 들으니 인터넷 포털회사에 다니는 50세의 전무가 과감하게 회사를 접고 중국으로 자전거 횡단 여행을 떠났다고 합니다. 제가 제주에 있을 때 만난 한 디자이너는 잘나가던 회사를 접고 제주도로 이민을 왔습니다. 쉬면서 일하려고요. 그들 쉼이 단순히 쉼은 아닐 것입니다. 그건 70세까지 사이클을 유지하기 위한 전략적 쉼입니다. 우리는 간과하지만 쉼은 곧 경쟁력이고 전략입니다. 착각하지 말기 바랍니다. 주말에 쉬는 건 쉬는 게 아닙니다. 숨 돌리는 것일 뿐입니다. 창조력은 5일 일하고 2일 쉼으로 만들어지지 않습니다. 긴 쉼이 필요합니다. 프로들은 90% 시간을 연습하고 10% 시간만 게임을 합니다. 그래서 그들은 프로입니다. 교수들은 10년을 가르치면 1년의 안식년이 주어집니다. 영화감독들은 몇 년에 한 번씩 영화를 만듭니다. 그래서 그들은 리더가 됩니다. 쉼과 일이 구분되고 긴 쉼은 창조적 일을 위한 창조적 쉼이 됩니다. 그들의 쉼은 곧 사자의 쉼입니다. 사흘에 한 번 사냥하고 나머지는 그늘에서 쉬면서 힘을 비축하는.

비움이 있어야 채움이 있다는 것은 누구나 들었을 테지만 대부분은 채움만 추구합니다. 달도 찼다가 기울고 지구도 낮과 밤이 교대로 돌아갑니다. 우리의 일, 우리의 쉼도 그와 같은 이치일 것인데 정신없이 채움, 채움, 채움, 낮, 일, 낮, 일로만 달립니다. 그러다 보니 심각한 부작용이 생깁니다. 창조가 다수의 것이 아니라 쉬는 사람들 소수의 것이 되고 사회 다수는 노동 강박증에 시달리다 보니 자기 삶에 대한 자존감이 약해집니다.

제가 쉬겠다고 하니 다수의 그들이 바로 묻습니다.

"다음엔 뭐할 건가요?", "아직 나이가 있는데 어디로 옮기나요?"

비움을 모릅니다. 채움만 묻습니다.

저는 머쓱하게 답할 수밖에 없습니다.

"그냥 쉴 건데요. 공부도 좀 하고."

그러면 또 묻습니다.

"그 나이에… 그럼 뭐 먹고 살아요?"

또 머쓱하게 답할 수밖에 없습니다.

"조금 덜 먹고 살 건데요. 다른 생각도 좀 해보고."

여기서 대화는 끝납니다.

그런데 10년 뒤 누가 더 자기 일을 하고 있을까요?

10년 뒤 누가 더 아내와 자식들과 잘 통할까요?

그 질문이 제게 25년 시즌 1을 졸업하라고 명령했습니다. 저의 긴 쉼에 동의해준 아내여! 그대는 현명한 전략가입니다.

실낙원의 이브

양파

레몬

프라이팬을 든 마녀

고향

길

바다

오누이

적금통장

자물쇠

…

편안한 그리움

이브

아내, 하면 떠오르는 말들.

1993년 봄. 을지로 지하철 입구 옆에서 꽃무늬 원피스를 입고 약간 웨이브 긴 머리를 찰랑거리던 충청도 음성 출신 아가씨. 영문과가 싫었다는 이대 영문과 출신 양파 아가씨. 세례명 베로니카. 충청도 남자는 우유부단해서 싫다던 레몬 아가씨.

"이대 나온 여자를 얻으면 출세한대요. 호호. 나한테 잘 보여요" 하던 적금통장 아가씨.

제 나이 31세. 넉 달 짧은 연애 끝에 그 아가씨와 결혼을 했습니다. 손만 잡았는데 그녀는 곧 임신을 했고 다니던 외국계 회사를 그만두었습니다. 지금도 잊지 못하는 한 장면이 있습니다. 1993년 늦여름 아직 신혼, 과천 2단지 5층 17평 전셋집에서 주말에 낮잠을 자다가 누군가 보는 것 같아 눈을 뜨니 내 얼굴 위에 바짝 얼굴을 들이대고 큰 눈을 깜빡거리며 "사랑해. 자기랑 오래 같이 살고 싶어" 하던 중국 무협지의 선녀 같던 여자. 비록 렌즈 아이라도.

그런데 화사한 봄의 길이는 원래가 짧은 것이었나!

첫아기 돌이 지난 해인 1995년. 삼풍백화점이 무너졌던 해. 젊은 우리는 강원도로 휴가를 떠났습니다. 행복했습니다. 그리고 짧은 행복은 거기서 일단 쉼표를 찍었습니다. 휴가에서 돌아오던 길에 홍천 부근에서 맞은편에서 오던 차가 갑자기 중앙선을 넘어와 충돌하는 사고가 났습니다. 큰 사고. 첫 차 프라이드는 정면충돌 앞에 너무 무력했습니다. 첫 차 프라이드는 깨졌습니다. 불행은 누구에게도 언제나 찾아올 수 있었고 영화에서 보는 것과는 달리 총알은 나를 피해 가지 않았습니다. 저는 영웅도 초인도 주인공도 아니었습니다. 저는 눈 부근에 네 군데 수술을 했습니다. 600만 원 수술비가 들어 600만 원의 사나이. 아내는 머리를 다치는 중상을 입었습니다. 2주간 중환자실을 거쳐 천행으로 살아났습니다. 그런데 기적적으로 의식을 반 차린 아내가 던진 첫 단어.

"사과."

같이 환자였던 저는 앞이 캄캄해졌습니다. 잘못 나온 그 말은 사랑이었을까? 사고 낸 걸 사과하란 걸까? 이브의 원죄가 수천 년을 격해 그녀의 입에서 나온 것이었을까?

그리고 아내는 다시 잠에 빠졌습니다. 제게 그리고 아내에게 이런 삶이 기다리고 있을 줄은 정말 몰랐습니다. 신화는 현실이 되었습니다. 우리는 원인도 모르게 에덴에서 쫓겨났습니다. 현실은 아내에게만 집중하지 못하게 했습니다. 가해자와의 지루한 책임 공방 소송과 치료 5년. 그렇게 속절없이 30대의 반이 갔습니다. 그리고 5년 뒤, 첫아이를 제대로 키우지 못했다고 자책하는 아내가 둘째 아이를 낳자고 했습니다. 본인 몸이 편치 못했지만 저는 그것이 혹시 이브의 위대한 모성을 자극해 아내 치료에도 도움이 되지 않을까 싶어 동의했습니다. 아내가 둘째를 낳고 산후조리원에 간 일주일의 방은 휑했습니다. 친구 불러서 신나게 술도 먹고 하려고 했는데 그건 단 하루, 아내의 빈자리가 그렇게 큰지 정말 몰랐습니다. 편안한 그리움.

그렇게 27년을 같이 살았습니다. 많이 회복된 이대 아가씨는 지금 자식들한테 잔소리 퍼붓는 마녀 엄마가 되었습니다. 그녀는 옷이나 구두, 반지나 목걸이 등 소비를 줄였습니다. 비싼 걸 사줄 처지는 아니지만 가벼운 것은 사줄 수 있는데 별로 좋아하지를 않습니다. 그녀는 이제 자신이 그런 게 어울리는 여자가 아니라고 생각하는 것 같았습니다. 아내는 내색하지 않는 좌절을 느끼고 있었던 것 같습니다. 2006년, 처음 책을 출간했습니다. 책이 집에 왔습니다. 저는 우쭐했습니다. 아내가 당연히 기뻐할 줄 알았습니다. 아내가 작은 소리로 중얼거렸습니다. "누구는 좋겠다." 그 소리가 천둥처럼 들렸습니다. '누구는?' 아차 싶었습니다. 얼른 책을 치웠습니다.

저는 많은 여자를 알고 지냅니다. 대부분 30~40대 커리어우먼들입니다. 당당하고 똑똑하고 그러나 약간씩 지쳐 있는 21세기 헤라들. 아내도 한때 그 세상에 속해 있었지만 이제는 소박하고 평온해 보입니다. 가끔 그녀를 물끄러미 봅니다.

'에덴에서 추방된 이브? 신성(神性)은 무너지고 에덴의 기억은 하루하루 잊어가는. 이건 그대가 받을 벌이 아닌데. 선악과는 내가 먹은 거야.'

아내는 사고 후유증으로 오래 그리고 빨리 걷기가 힘들게 되었습니다. 바쁜 일정을 소화해야 하는 패키지 해외여행은 힘들어했습니다.

우리는 해외여행 대신 국내 도시 체험을 주로 했습니다. 뮤지컬, 연극, 콘서트, 지역 축제, 마술 쇼, 전시회, 영화관을 틈틈이 다녔습니다. 웬만한 부부들보다는 많이 갔을 겁니다. 이른바 탐방도 갑니다. 국제도시 건축 중인 송도에 가서 빈 도시를 보고 웃어도 주고 월미도에서 배를 타고 갈매기와 한가롭게 새우깡 놀이를 하다가 그도 일 없을 땐 바람 부는 날 한강 변을 산책하다가 문득 유람선을 타고 맛있는 것도 먹었습니다. 인천대교가 개통됐을 때 다리 위에서 바다를 옆으로 내려다보면서 차를 달리는 게 좋아 갈 일도 없는 인천대교를 공연스레 넘어가기도 하고 내친김에 영종도 국제공항에 가서 비행기와 사람들 구경도 했습니다. "이렇게 나와서 보니까 좋다"는 아내. 실낙원 세월. 주말 고속도로를 차들이 까맣게 메워도 아내는 단풍 구경 가자고 안 합니다.

"과천에 예쁜 나무가 얼마나 많은데. 이러면 됐지."

겨울에 스키 타러 가자고도 못 합니다. 눈과 얼음이 이브는 무섭다고 합니다. 저는 25년 직장을 그만두기로 했습니다. 아직 남은 시간을 둘이 조금만 더 같이하기로 했습니다. 둘이 점심을 먹고 둘이 양재천을 걸어 물에 있는 커다란 잉어에 놀라고 둘이 나무 이름 맞추기를 하면서 관문 체육공원까지 2~3km 길을 걷거나 관악산 아래 등산로 입구까지 걸어갑니다. 거기 흰 산의 그림자와 계곡의 얼어붙은 단단함을 보며 또 걷습니다. 산책은 조용하고 천천히 진행됩니다. 저도 모르게 제가 앞에서 걸어갑니다. 뒤를 돌아보면 열심히 걸어오는 이브에게 또 미안합니다. 미안하고 또 미안합니다. 더 잘해주지 못해서 미안하고 인생에 조급한 아담이라 미안합니다. 그래서 386 꼰대 주제에 웃겨주려고 농담도 던져봅니다. 2월의 약한 바람이 부는 날, 과천 남태령 밑에 있는 소머리국밥집을 걸어 집으로 올 때입니다.

"어, 저기 사람머리국밥이다."

"뭐라고요, 어디?"

"저기 있잖아."

"에이, 소머리국밥인데….."

"아, 만일 소들이 세상을 지배했다면 저 집 이름이 사람머리국밥집일지도 모르겠다는 생각이 들어서. 히히히. 재밌지?"

"재미요? 아휴― 하긴 소들이 저걸 보면 정말 무섭겠다."

재래시장도 가끔 갑니다. 저도 이브도 할인 마트보다는 굴다리 재래시장이 더 고맙고 편안합니다. 습관적으로 할머니가 하시는 3평 분식집 튀김을 사 먹으면 이브는 "촌놈같이…"라며 웃습니다. 제가 뷔페 가서 사이다를 먹거나 김밥과 잡채를 먹을 때 꼭 그러듯이. 저는 그래도 이브에게 촌년이라고는 안 하는데.

이런 글을 쓸 수 있어서 조금 행복합니다. 속이 지릿― 아프기도 하지만 인생에 이 정도 아픔이 없는 사람이 있겠나 싶습니다. 우리는 추방당한 아담이고 이브가 되었습니다. 언 땅을 일궈 거친 노동을 하고 이브는 살이 터 가며 아이를 낳고 그리고 아름다움을 잃고 늙어갑니다. 에덴의 기억을 접은 삶에 왜 가슴이 얼고 입술이 붙지 않겠나! 그래도 묵묵히 길을 갑니다. 저는 추방당한 이브를 보면서 에덴의 이쪽을 조금은 이해하게 되었습니다. 여긴 센 바람이 불고 차가운 서리가 내리덮고 느닷없이 크랙을 지납니다. 몸이 얼어붙고 울고 싶을 때도 있습니다. 신의 가족에서 제명된 우리는 더는 강하지 않게 되었습니다. 잠깐잠깐 양념처럼 기쁨과 다시 힘이 세지는 시간도 오지만 그리 길지는 않습니다. 삶은 약초가루 사과쨈 같습니다. 달아도 그냥 달지 않고 써도 그냥 쓰지 않습니다. 나쁜 것도 있고 좋은 것도 있습니다. 그걸 조금 아는 데 25년이 걸렸습니다. 그 길을 아내와 같이했습니다.

아내는 젊어서 가끔 무서운⁽?⁾ 질문을 했습니다.

"자기 나 사랑해?"

386 남자들은 이럴 때 입이 얼어붙습니다. 바보같이 머뭇거리다가

"…그럼."

그러면서 괜히 민망해할 때 아내의 2차 공격.

"그럼 사랑해 소리를 열 번만 해봐. 지금."

또는

"죽어서 다시 태어나도 나랑 결혼할 거야?"

이 질문들에 쉽게 답하면 될 것을 왜 쉽게 말하지 못할까요?

'너 그럼 또 힘들 텐데….'

이제 아내는 속으로 그럴 것 같습니다.

'다시 태어난다면 사과는 안 먹을 거야. 나 힘들었어.'

에덴의 기억을 빈쯤 지우며 우리는 그렇게 사랑 때문에 살았고 살아

온 것 때문에 사랑했습니다. 1930~1940년대 가난하고 음울했던 시절, 떠난 나타샤를 그리며 착하고 맑게 토속 시어를 뽑아낸 백석도 이런 마음이었을까요?

가난한 내가
아름다운 나타샤를 사랑해서
오늘밤은 푹푹 눈이 나린다.

나타샤를 사랑은 하고
눈은 푹푹 날리고
나는 혼자 쓸쓸히 앉어 소주(燒酒)를 마신다.
소주(燒酒)를 마시며 생각한다.
나타샤와 나는
눈이 푹푹 쌓이는 밤 흰 당나귀 타고
산골로 가자. 출출이 우는 깊은 산골로 가 마가리*에 살자.

눈은 푹푹 나리고
나는 나타샤를 생각하고
나타샤가 아니 올 리 없다.

---

* 오두막을 일컫는 방언.

언제 벌써 내 속에 고조곤히 와 이야기한다.

산골로 가는 것은 세상한테 지는 것이 아니다.

세상 같은 건 더러워 버리는 것이다.

눈은 푹푹 나리고

아름다운 나타샤는 나를 사랑하고

어데서 흰 당나귀도 오늘밤이 좋아서

응앙응앙 울을 것이다.

—〈나와 나타샤와 흰 당나귀〉

마왕과 어머니

어머니, 우시나요?

우시는군요. 그래요. 우세요. 울음은 우리가 거쳐 온 더러운 것들 불쌍한 것들을 씻어내는 신성한 힘이 있을 테니까요. 저는 울지 않을 겁니다. 최소한 지금은요. 어머니, 음 제가 〈마왕〉이란 시를 기억나는 대로 들려드릴게요. 부모는 누구인가? 생각나게 해주는 시 같아서요. 독일의 괴테라는 이가 쓰고 슈베르트가 곡을 붙였어요.

어두운 밤, 바람을 가르며 말을 달리는 이 누구인가?

그는 아이를 품에 안은 아버지.

……

– 아들아, 왜 그렇게 무서워하며 얼굴을 가리느냐?

– 아버지, 마왕이 보이지 않으세요?

　 망토를 두르고 왕관을 쓴 마왕이요.

– 아들아, 그건 그저 엷게 퍼져 있는 안개란다.

……

– 아버지, 나의 아버지, 저 소리가 들리지 않으세요?

　 마왕이 내게 속삭이는 소리가?

……

[마왕] 네가 정말 좋구나.

　　　 사랑스러움에 눈을 뗄 수가 없구나;

　　　 만약 오기 싫다면 억지로라도 데려가야겠다!

……

아버지는 공포에 질려 말을 더 빨리 몰아댄다.

신음하는 아이를 팔에 안고

겨우 집에 도착했을 때

사랑하는 아들은 이미 죽어 있었다.

　제가 17세에 아버지가 일찍 떠나고, 지난 세월 어머니는 저에게 아버지였습니다. 세상은 마왕이었고요. 알록달록한 꽃이 있고 황금 옷을 가지고 아름다운 딸로 아이를 유혹하는 세상이요. 어머니는 어두운 밤, 바람을 맞으며 말을 달렸죠. 공포에 질려 울부짖는 아기인 저를 안고요. 참으로 약하고 여성스러운 어머니가 아버지고, 말을 달렸다고

해서 웃지는 마세요. 어머니의 삶을 보고 저는 그렇게 생각했거든요. 어머니는 마왕이 보여도 모르는 것처럼 말을 달렸지요. 그래서 시와는 달리 아이는 살아났습니다. 세월이 흘렀어요. 50년.

제가 이젠 아버지가 됐습니다. 어두운 밤, 저도 말을 달리고 있습니다. 92세 어머니가 이젠 아기가 됐군요. 마왕은 계속 유혹의 춤을 출 거예요. 그래도 어머닌 저를 살리셨죠. 그건 아주 위대한 일이었어요. 그래서 제가 아버지가 됐습니다. 마왕이 저기 어둠 뒤로 물러섰어요. 쟤가 원래 저래요. 아버지가 강하면 뒤로 숨거든요. 그런데 절대 속으면 안 됩니다. 마왕은 가지 않아요. 어머니, 제가 좋아하는 가수 강허달림 노래 들려드릴게요. 그녀도 어두운 밤, 아이를 안고 말을 달려왔습니다. 그래서 이름이 달림이고 그래서 그녀 노래를 들려드리는 거예요. 〈미안해요〉란 노랜데 조금만 들려드릴게요.

♬ 환하게 웃음 짓던 얼굴
쉼 없이 울리던 심장 소리
행복이란 작은 읊조림도
내게는 너무 큰 세상이었던 듯

아기에게는 너무 큰 세상이래요. 큰 세상이니 말은 달리고, 달리니 좋은 거죠.

어머니 이젠 웃으시나요? 그래요. 웃으세요.

웃음은 우리가 거쳐 온 더러운 것들, 불쌍한 것들을 날려버리는 신성한 힘이 있으니까요. 저는 웃지 않을 겁니다. 환하게 웃음 짓던 얼굴, 쉼 없이 울리던 심장 소리가 아기는 그리울 거예요. 그래요, 어머니는 아이를 살리셨죠. 아, 또 마왕이 오고 있어요….

필자 주) 이 글을 쓰고 3년 뒤, 마왕은 어머니를 아이 대신 데리고 갔습니다. 직장 생활에 빠져 어머니를 자주 찾아뵙지 못한 것이 정말 후회됩니다.

세상을 직시하며 준비하고 있어야

30년 사회생활을 참 다채롭게 살아왔습니다. 삼성그룹의 광고쟁이로 시작해서 민영화된 KT&G 수석 마케터, 프리랜서, 작가, 축제 감독, 서울혁신센터장, 잘나가는 스타트업인 ㈜구루미의 화상사회연구소장… 거기에 대학원 겸임교수, 컨설턴트, 자문, 고문도 하고 있습니다. 물론 아들, 남편, 아빠, 선배 등의 역할도 하고 있습니다. 젊은 직장인들은 제 이력이 화려하다고 합니다.

그러나 1990년 국문학과를 졸업할 때만 해도 솔직히 '386 이념쟁이에 국문 따위나 전공한 나에게 세상이 돈을 왜 주지?'라는 생각에 세상이 무서웠습니다. 지금도 '문송해(문과여서 죄송합니다)'라는 말이 있다면서요? 문과쟁이는 늘 세상이 무섭습니다. 그런데 살아보니 꼭 그런 것도 아니었습니다. 세상의 여울목을 넘고 산과 고개를 깔딱거리며 넘고

넘다가 호랑이도 만나지만 그래도 그걸 넘으면 또 새로운 세상이 나타났습니다. 이런 생의 굴곡을 넘을 때마다 큰소리는 쳤지만 솔직히 자신은 없었습니다. '이 더러운 세상이!' 모욕감도 들었습니다. 이게 무협지에서 말하는 마음의 마왕, 심마(心魔)일 겁니다. Mind Ghost.

누군가 "그럼, 그런 심마를 어떻게 잡아요?" 묻는다면 저는 심마 피하는 요령 둘을 말합니다. 물론 누가 가르쳐준 것은 아닙니다. 그중 하나는 스스로 이렇게 물어보는 것입니다.

"너, 약해졌니?"

이 질문은 창세기 3장 8절부터 13절까지 에덴동산에서 하나님이 "아담아, 네가 어디 있느냐?" 물음에 준하는 엄중한 겁니다. 성서에서 아담은 "내가 벗었으므로 두려워하여 숨었나이다." 대답합니다. 이 질문은 또한 베드로가 로마 탄압을 피해 도망칠 때 언덕에서 예수를 잠깐 보고 "쿼바디스, 도미네(Quo Vadis Domine, 주여, 어디로 가시나이까)?" 묻는 것과도 같습니다. 베드로는 아담과 달리 로마로 돌아가서 십자가에 거꾸로 못 박혀 죽습니다.* 우리는 이 물음에서 도망갈 수 없습니다. 늘 삶은 나와 세상의 싸움입니다. 세상이 무섭다기보다 내가 약하기 때문에 무너지는 경우가 많지요. 위 질문에는 단서가 있습니다. 정말 냉혹하게 자신을 돌아보아야 한다는 것. 절대 약한 자아와 타협하면 안 됩니다. 그러면 나오는 답은 세 가지 중 하나입니다.

---

* 이 책에서 하필 기독교 사례가 많이 나오는데 저는 기독교 신자는 아니지만, 좋은 사례가 많아서 인용하는 겁니다.

"아니, 나 안 약해. 점점 강해지고 있어. 세상이 잠시 몰라줄뿐."

"맞아, 나 약해졌어. 이젠 피하고 싶어. 그동안 잘 했잖아."

"모르겠는데. 좀 더 부딪쳐 보고…."

　다른 하나는 글을 쓰는 것입니다. '전략적 글쓰기'라고 부릅니다. 변곡점이 생길 때마다 책상에 앉아 모든 것을 던져놓고 백지 상태에서 글(책)을 씁니다. 얼마간 멍하니 있거나 과거 기록을 뒤지다 보면 그 백지에 뭔가 희미하게 글이 보이고 어느 순간 선명하게 그리고 분명한 키워드가 나타나는 마법을 경험하게 됩니다. 거기에 세상과 통할 의미를 끌어내고 멋진 개념을 붙이고 그렇게 글을 써서 가능하면 외부에 표출합니다. 저는 주로 칼럼과 출판을 통해서 표출합니다. 요즘 출판이야 자비 출판도 있고 블로그, 카카오 브런치(저는 별로지만 유튜브, 틱톡도 있지요) 등도 있으니 한결 수월해졌지요. 그러면 강의 기회가 만들어지고 새 모습으로 세상에 다시 나설 수 있습니다. 혼자서 웅얼거리거나 친한 친구한테만 열정을 토로하는 것보다 훨씬 낫습니다. 친구는 대체로 별 소용이 되지 않습니다. 나를 모르는 사람을 대상으로 해야 합니다. 일반 대중에게 베스트로 팔리든 안 팔리든 그것은 중요하지 않습니다. 내가 생각하는 타깃에게만 팔리면 됩니다. 그들을 대상으로 여전히 쓸 이야기가 많고 그를 통해 세상을 또 알아갈 수 있다면 나는 당당하게 살아 있는 것 아닐까요?

　물론 신께서는 다양한 재능을 주셨으나 모두에게 글쓰기 재능을 준

것은 아닙니다. 그런데 이 전략적 글쓰기는 말하자면 성찰과 외부 표현의 대유적(代喩的) 표현이라고 생각하시길 바랍니다. 누구나 자기만의 글쓰기 방식이 있을 것입니다. 요즘은 메이커 전성시대를 맞아 만들기(making)로 글쓰기를 대신하는 분들도 많습니다. 물건을 만들고 자기가 살 집을 만들고 옥상이나 텃밭 또는 테라스에 정원을 만들고 사진/영상, 또 어떤 이는 협업을 해서 마을을 만들고 가상 세계에 커뮤니티를 만드는 것도 좋은 전략적 글쓰기의 일종입니다.

또 다른 방식도 있습니다. 저는 독서 모임 '독창(讀創)'을 10년 정도 했는데 그 멤버 중에 중소기업청에서 국제경제 정세 분석과 이에 기초한 중소기업 상담을 하다가 정년퇴직을 하신 분이 있습니다. 걱정했는데 짠–! 전국을 다니며 청년벤처를 멘토링하시느라 너무 바쁘답니다. 이 사장 직함도 새로 얻었습니다. 2020년 코로나 시기에는 진짜 걱정했더니 짠– 유튜브에서 강의를 하십니다.

적자(適者, Fittest)에게는 늘 기회가 열리는 것이 세상의 마법입니다. 또 다른 기회가 열릴 겁니다. 2050년 넷제로 사회, 그리고 그에 대응하는 그린 뉴딜과 디지털 뉴딜 사회가 옵니다. 수많은 새 일자리(예를 들면 에코 돌봄)와 생각거리, 새로운 라이프스타일(예를 들면 화상 라이프 큐레이션)이 만들어질 것입니다. 기업에 있거나 프리랜서거나, 젊거나 나이 들거나, 여자거나 남자거나 모두에게 적용됩니다. 단, 직시하면서 손은 준비하고 있어야 합니다. 그러다 힘들면 물어보십시오. "너 약해졌니?"

한국 직장의 시대별 컬처 코드

제가 자주 인용하고 또한 아주 인상적으로 기억하는 개념이 컬처 코드 (Culture Code)입니다. 컬처 코드는 "자신이 속한 문화를 통해 일정한 대상에 부여하는 무의식적인 의미"를 일컫는 말입니다. 정신분석학자이자 문화인류학자인 클로테르 라파이유 박사가 제안한 개념입니다. 동일한 현상에 대해서도 문화권마다 속 의미가 다른데 이는 경험과 감정이 섞여 각인되는 것이 다르기 때문입니다. 라파이유 박사에 따르면 비만에 대한 미국인의 코드는 '도피'인 반면 에스키모 문화에서 비만은 '지구력'이랍니다. 확실히 다르지요? 저녁 만찬은 일벌레 미국인에게는 '연료'고 느긋하게 2~3시간을 먹는 프랑스인에게는 '연주'입니다. 라파이유 박사는 이 컬처 코드를 알아내기 위해 다양한 조사 방법을 썼습니다.

직장이라는 것이 참으로 중요한데 여기도 컬처 코드가 있을 겁니다. 저는 라파이유 박사처럼 다양한 조사 방법을 쓸 형편이 되지 못해 대신 제 경험과 머릿속에 각인됐던 것을 끄집어내어 감히 한국인의 직장 코드를 들여다보려고 합니다. 한국 직장의 시대별 코드는 과연 무엇일까요?

직장 1.0버전 시대

이 시기는 1954년 전후 복구부터 1997년까지입니다. 필리핀, 케냐, 북한보다도 가난했던 시대의 나라. 보릿고개를 운명으로 알았던 시대의 마지막 시기. 한 집에 자식들이 6~8명은 됐던 시기. 고등학교 때 ○구라는 이름의 친구가 있었는데 남매만 열 명이고 친구는 그중 아홉째였습니다. 형 이름은 ○팔, 동생은 ○십. 이름부터 순서가 매겨진 채 컸습니다. 이러면 형제간에도 살아남기, 인정 경쟁이 벌어지고 희생이 요구될 수밖에 없습니다. 이 기간에 일어난 이촌향도(離村向都), 너도나도 시골을 떠나 도시로 향했고 팽창된 도시의 초등학교는 2부제를 해도 한 반에 70명은 족히 되었습니다. 차관경제로 키운 기업들이 우후죽순 늘어났습니다. 농촌 공동체는 점점 도시의 직장으로 대체되었습니다. 당시 사람들은 아저씨, 형님 하며 지내던 촌락 출신들이었습니다. 그래서 지금은 사라진 집들이라는 직장문화가 있었습니다. 집들이는 입사, 승진, 더 큰 집으로 이사 등을 할 때마다 하는 공동체 문화 잔존형 신고 개념이었습니다. 지금 용어를 쓰면 홈파티 정도 되겠지요. 그때 직장인들은 스펙도 낮고 대졸자도 별로 없었습니다. 연 3일 휴가가 있어도 쓰지 않는 게 미덕이었습니다. 직장인은 개처럼 일했습니다. 영업팀은 폭탄주로 몸을 불사르며 회사에 충성하고 뼈도 필사적으로 물어왔습니다.

여기에 군사 문화가 끼어들었습니다. 1990년대 초까지 군부 독재사회였고 또한 대부분의 남자들이 3년 동안 군대에 복무하면서 '까라면

까!'라는 식의 미친개 버릇과 군대식 충성 사고를 직장에 이식했습니다. 상사는 '형님(중국어로는 따꺼, 일본어로는 오야붕)'이었고 '중단 없는 전진', '시련은 있어도 실패는 없다', '해보기나 했어?'가 모토였습니다. 한국 남자는 아내가 죽었을 때보다 직장에서 잘렸을 때 더 충격을 받는다는 신화가 만들어진 것도 이때였습니다. 이때의 직장 코드는 '절대 신분증(ID CARD)'이었을 겁니다. 어느 직장에 다니는가에 따라 자동차, 집, 배우자, 자존심과 인정 그리고 네트워크까지 결정되었으니까요. 직장을 잃은 남자는 남자도, 남편도, 아빠도, 사회인도 아닌 '벌거벗은 생명(Homo Sacer)' (조르조 아감벤이 처음 사용한 용어)이 될 수밖에 없었습니다. 일본의 종신고용이 모델이었고 직장이 평생 먹여 살릴 줄 알았습니다. 그렇게 '한강의 기적'을 이루어냈습니다. 한강의 기적은 세계사적으로도 라인강의 기적에 이어 두 번째고 아시아에서는 유일하니 그 자부심은 하늘을 찔렀습니다. 1988년에는 서울올림픽도 치렀습니다. 아시아에서 두 번째로 치른 하계 올림픽이었습니다.

저는 직장 1.0시대의 막차를 탔습니다. 1990년에 입사를 했는데 그때 신문 기사가 참으로 웃겼습니다. 우리 세대가 영어 잘하고 컴퓨터 세대고 개인주의 세대라며 '신인류'라는 겁니다. 하하하. 영어는 고작 토익 700점대에 컴퓨터는 도서관에서나 봤고 운동권 집단주의였던 우리를 개인주의라고 한 이유는 우리가 술을 잘 안 따른다는 이유에서(?)였습니다. 우리는 민주주의 원칙대로 지가 붓고 지가 처먹는 지부지처였습니다. 저는 인사도 고개만 15도로 까딱해서 특히 욕 많이 먹었습니다. '같은 인간인데 왜 나이가 어리고 직급이 낮다는 이유로 고개를 90도나 숙이나?' 하는 민주주의 원칙에 따라서 그런 건데, 이걸 직장 형님(?)들이 이해해주시지 않았습니다.

그 외는 대체로 열심히 일했고 그때는 비록 군부독재 시대였지만 마침 글로벌 3저 시대라 경제성장이 빨라서 월급도 자주 올랐습니다. 1990년대 중반에는 컴퓨터와 인터넷도 보급되었습니다. 덕분에 회사에 앉아서 온라인 주식투자도 슬금슬금 했습니다. 1995년 2월, 박건희와 이재웅이 '다음 커뮤니케이션'을 공동 설립했고 2년 뒤인 1997년엔 한국 최초의 무료 웹 메일 서비스 한메일이 오픈(현재의 다음 메일)됐습니다. 야후도 들어왔는데 그때 제일기획에서 만든 광고가 "이순신 장군님, 야후는 다음이 물리치겠습니다"였습니다. 그 저주로 결국 야후는 몰락했습니다. 이순신 장군님, 역시 불패 장군님이십니다. 천하의 모토롤라도 애니콜의 "대한민국 지형에 강하다" 광고 한 방에 맥을 못 췄고 월마트도 토착형 이마트에 고전했습니다. 그처럼 한국은 신토불이 똘끼가 넘쳤었습니다. 그해 제일기획은 비행기를 전세 내 1,000여 명 직원 전원이 제주도로 가서 경찰차 호위를 받으며 호텔에서 비전 선포를 하는 허세를 누렸습니다. 스웩, 스웩! 그러다가 다음 해 청천벽력 사건인 국가 부도를 맞았습니다. 수많은 직장인이 피눈물을 뿌리며 직장에서 뱉어졌고 직장의 문은 처음으로 좁아졌습니다. 사내 커플 중 여자는 퇴사 당했고 회사에 뼈를 묻겠다던 분들도 나갔습니다. 직전 연도에 1,300여 명이었던 직원이 1년이 지나고는 850명으로 줄었습니다. 대

마불사라던 대기업들 다수가 문을 닫았습니다. "야, 형님이 지켜줄게. 나만 믿어" 하던 직장의 신화는 그렇게 무너졌습니다.

직장 2.0버전 시대

1999년 이후 2016년까지. 1998년은 IMF 여파와 이에 따른 기업 줄도산, 경제구조 개편, 눈물의 구조조정 그리고 10년 후인 2007년에는 스마트폰의 등장이라는 사회적 파괴(?)가 한국을 덮친 기간입니다. 금 모으기의 저력을 보여준 한국은 테헤란 밸리 신화를 만들었고 2002년 한일월드컵 경기부터 2012년 여수 엑스포도 치렀습니다. 이 기간에 삼성이 세계 스마트폰 시장의 거인으로 성장했습니다.

검색 포털 생태계도 열렸습니다. 인터넷 회사 네이버의 창업, 이것은 직장을 검색 문화로 바꿔놓았고 희한한 직업인 블로거의 등장을 촉발시켰습니다. 네이버는 1999년 6월 서비스를 시작했는데 당시 회사명은 네이버컴(주)이었던 걸로 기억합니다. '네이버(NAVER)'는 '항해하다(navigate)'에 '-er'을 붙인 '인터넷을 항해하는 사람들'이라는 의미였습니다. 2000년 7월 온라인 게임업체 한게임과 검색 전문 회사 서치솔루션 등을 인수 합병하고 회사 이름을 엔에이치엔(NHN: Next Human Network)으로 변경했습니다. 이후 네이버는 인터넷과 게임 사업에 집중하고 사업 속도를 높이기 위해 2013년 8월 네이버와 한게임을 분할했습니다.

이때 네이버만 항해한 것이 아니라 직장인도 항해를 시작했습니다. IT 물결을 따라 이직률이 높아지기 시작했던 겁니다. 엉덩이가 무거운 저는 2002년에 처음 회사를 옮겼는데 그때 헤드헌터에게서 "아직까지 한 직장에 12년을 다니는 곰 같은…"이라고 모욕을 받았습니다.

각자도생(各自圖生) 시대! 세계적으로는 무한경쟁을 찬양하는 신자유주의와 글로벌 스탠더드를 요구하는 세계화(Globalization) 바람이 불었고 한국도 글로벌화가 급속도로 진행되었습니다. 기업 CI 붐이 일었고 브랜딩 개념이 급속도로 기업과 개인에게 퍼져나갔습니다. 이제는 개인도 퍼스널 브랜드가 아니면 살 수 없다고 믿었습니다. 퍼스널 브랜드? 그게 얼마나 살벌한 용어인 건지 그때는 미처 몰랐습니다. 상아탑이었던 대학교에서는 스펙 전쟁이 시작됐고, 미래학자 다니엘 핑크가 2004년 《프리 에이전트 시대》를 출간했습니다. 1인 기업, 긱(gig) 경제가 뜰 것이라는 예언이었습니다. 2008년 미국발 금융위기를 겪으면서 한국은 또 한 차례 구조조정이 있었고 취업 문은 더 좁은 문이 되었고 직장인은 길고양이가 되어야 했습니다.

2007년 애플이 스마트폰을 출시하면서 앱 경제가 열렸고 SNS라는 용어가 나왔으며 페이스북은 가입자 3억 명을 돌파했습니다. 몇 년 후 억대 연봉의 유튜브 크리에이터 신화가 시작되었고 팔방미인 '알파 걸'들이 대거 진입했습니다. 그녀들은 조한혜정 교수 말처럼 "엄마처럼 살기 싫어 아빠처럼 살기"로 합니다. 부모는 자식에게 "너네는 우리처럼 살지 마"라고 부추겼습니다. 그리하여 〈SKY 캐슬〉에서 보듯 자식들은 한국 역사 이래 최고의 스펙을 갖췄지만 마음에 차는 직장은 5% 이내고 스타트업도 이제는 늦었다는 불안감, 왕 서방에게 착취당하는 프리 에이전트 괴담에 불안해했습니다. 이 시기의 직장 코드는 '불안한 표적' 정도 될 겁니다.

2014년에 〈미생〉이 나왔습니다. 미생(未生), 아직 살지 못한 자. 거기엔 "직장은 전쟁이야" 하니까 누가 "바깥은 지옥이야"라고 받고 "먼지 같은 일을 하다가 먼지가 된다"라는 대사가 나옵니다. 30대 직장인들이 거기서 페이소스를 느꼈습니다. 그런데 이 시기에 기업도 변하기 시작했습니다. 미국에서 기업의 각성을 촉구하는 구루들의 주문이 나왔습니다. '가치사슬 이론(value chain theory)'과 경쟁 전략으로 유명한 하버드대 마이클 포터 교수가 2011년 '공유가치 창출(CSV, Creating Shared Value)'이라는 개념을 발표했습니다. 2010년 필립 코틀러는 《마켓 3.0》에서 "소비자의 이성에 호소하던 1.0의 시대와 감성·공감에 호소하던 2.0의 시대에서, 소비자의 영혼에 호소하는 3.0의 시대가 도래했다"라고 선창했습니다. 토요 휴무 제도가 실시됐고, 기업들은 앞다퉈 OECD에서 정한 윤리경영을 발표했습니다. 이때 상사는 형님에서 '설득가'로 변신해 비전을 제시하고 같이 가자고 해야 했습니다.

홉스테드와 매슬로우의 이론

이상의 직장 1.0, 2.0시대에 이르는 과정을 두 가지 이론으로 설명해

볼까요.

네덜란드 사회심리학자인 길트 홉스테드는 IBM의 세계 지사 11만 6,000명 직원을 대상으로 각국의 문화 차이에 대한 설문조사를 통해 먼저 네 가지 유형의 변수를 찾았습니다.

▲ 권력 거리 정도(Power Distance, 사회계층 간의 권력의 차이)
▲ 불확실성 회피
▲ 여성성과 남성성
▲ 개인주의와 집합주의

그리고 아시아권에서 조사해서 다섯 번째 변수인 ▲장기지향성 변수를 추가했고, 2010년에는 ▲방종과 절제(Indulgence VS Restraint) 변수를 최종적으로 추가했습니다. 그의 한중일 3국 문화 차원 비교에 따르면 한국은 장기지향성〉불확실성 회피〉권력 거리 순으로 높고, 개인주의〈향락〈남성성 차례로 낮습니다. 권력 거리는 중국, 개인주의와 남성성 불확실성 회피는 일본, 장기지향성은 한국, 그리고 향락 정도는 일본이 3국 중 제일 높은 것으로 나왔습니다. 장기지향성과 불확실성 회피는 3국 간 차이를 무시해도 좋을 정도고요. 이 이론은 한국의 직장 2.0 시대까지 어느 정도 적용됩니다.

다음으로 60여 년 기간을 인본주의 심리학자인 A. 매슬로우의 '욕구 5단계설'로도 구분해볼 필요가 있습니다.

▲ 생리적 욕구 단계

▲ 물리적 안전 욕구 단계

▲ 소속감과 인정 욕구 단계

▲ 존중받을 욕구

▲ 자아실현 욕구

각 단계는 전 단계 욕구가 채워져야 다음 단계로 이동할 수 있습니다. 처음 3단계 욕구는 '존재 욕구'. 다음 두 단계는 '성장 욕구'로 분류됩니다. 이 설을 적용하면, 그동안 한국의 직장은 1, 2단계인 생리적 욕구, 물리적 안전에 대한 욕구를 채우는 과정이었던 것으로 판단됩니다.

위의 두 이론을 적용한다면 이제는 개인주의 강화, 향락 증대, 여성성 증가(이상 홉스테드) 그리고 소속감과 인정에 대한 욕구인 3단계(이상 매슬로우)로 넘어갈 차례일 것입니다. 그리고 실제로 한국 직장은 그렇게 진행되고 있는 것 같습니다.

직장 3.0버전 시대

이 시대의 시작은 아무래도 뭔가 차원이 다른 국민시위인 2016년 촛불집회가 일단락된 2017년으로 잡아야 할 것 같습니다. 2016년에 "이게 나라냐?" 구호로 시작된 촛불집회는 대통령 농단 세력 처벌 이유가

컸었지만 학생, 여성, 소수자, 노조 등 소외계층들이 폭넓게 참여한 비폭력 시민운동이었습니다. 이때 적폐 청산, 기업 갑질, 블랙리스트 이슈도 같이 대두했습니다. 재벌 총수들이 줄줄이 법정에 섰고 성역이었던 권위주의가 무너지기 시작했습니다. 2017년에 필립 코틀러의 《마켓 4.0》이 출간됐습니다. 전작 《마켓 3.0》에서 인간적 가치를 옹호하라는 주장을 한 지 겨우 7년 만입니다. 그만큼 변화 속도가 빨라지고 있다는 반증이겠지요. 코틀러는 '디지털 인류학' 개념을 쓰면서 배타에서 포용으로, 수직에서 수평으로, 개인에서 사회로 힘의 이동이 이루어지는 시대라며 디지털 하위문화에 속하는 젊은이, 여성, 네티즌 이 셋을 주목하라고 촉구했습니다.

2018년에는 미투 고발이 지뢰처럼 터졌습니다. 정규직화, 최저임금, 주 52시간 근무 제도도 시행됐습니다. 밀레니얼 세대의 입김 강화로 회식은 (소주+삼겹살)×2차 대신 (치킨+맥주)×1차로 변했습니다. 2020년에는 코로나19 영향으로 사회적 거리두기, 5인 이상 집합 금지, 밤 9시 식당 영업 금지 조치가 강제로 떨어졌습니다. 이들 변화는 한국 직장 역사 70년 만에 비로소 소속감과 존중을 바라는 사회적 파괴가 왔음을 알린 겁니다. 2018년에는 1인당 3만 달러의 국민소득 천장도 마침내 뚫렸습니다. 세계에서 일곱 번째로 30/50 국가에 진입했습니다. 이는 인구 5,000만이 넘는 나라면서 국민소득이 3만 달러가 넘는다는 자랑스러운 지표입니다. 한국보다 앞선 나라 중에 식민지를 운영하지 않은 나라는 거의 없습니다. 2019년에는 직장 내 괴롭힘 방지법이 시행되었습니다.

이런 사회를 반영해 직장문화도 변했습니다. 실업률과 이직률이 어느 때보다 높아(〈사람人〉에 따르면 직장인 중 86.6%는 퇴사 충동을 느끼며 이 중 39.7%는 퇴사를 감행. 이유는 비전, 연봉, 격무, 무시와 욕설 순) 미생인 대리가 금값인 시대가 되었습니다. 상하 간 예의도 좀 늘었으며 호칭도 바뀌고 옷도 캐주얼하게 입고 출퇴근도 탄력적으로 변하고 연차도 꼭 쓰라고 권유하며 관대한 상사도 좀 많아졌습니다. 무엇보다 재미와 공정을 중시하는 1990년생도 사회에 진입했습니다. 바야흐로 직장 3.0시대가 열린 겁니다. 이제 상사는 '펠로우(Fellow)' 역할을 해야 합니다. 지시 모드가 아니라 "나도 모르겠지만, 우리 함께 해보자." 설득 모드로 해야 한다는 얘기죠. 그렇다면 직장의 코드는 '메뉴판'. 식당에 가서 메뉴판을 보고 음식을 고르듯이 예비직장인은 창업/스타트업, 오디세이 여행, 기업, 공무원 중에 고르고 마음에 안 들면 바로 나와도 됩니다. 최소한의 생계는 어쨌든 중산층 자리를 꿰찬 아빠 엄마가 최후의 빽으로 있으니까 얼마간은 괜찮습니다. 그럼에도 취준생들은 엄청난 전쟁 중이니 완벽한 뷔페 메뉴판은 아닙니다. 과거 대비 그렇다는 겁니다. 과거에는 고를 게 없었습니다. 무조건 (대)기업에 들어가야 했습니다. 그런데 이 메뉴판 시대가 좀 요상해졌습니다. 집에서 귀하게 키워져 직장에 들어간 신입사원들도 당황스럽지만 그 반대편에 있는 1.0 또는 2.0시대 상사들도 여간 곤혹스러운 것이 아닙니다. 이제까지의 직원들이 아니기 때문입니다. 예전에는 1, 2년 쥐어박으면서 키우면 그런대로 통했습니다. 그런데 그게 잘 안 됩니다.

　더 나이 든 중역들이 보는 요즘 젊은 직원은 더 황당합니다. 어렵게 들어간 직장을 뻑하면 그만두니까요. 물론 1년 다 채워서 퇴직금을 챙기는 센스는 유지합니다. 그래야 버킷리스트 해외여행 좀 다녀오고 눈여겨봤던 득템도 할 수 있으니까요. 회사에 미안해하지 않고 그걸 당연하게 생각합니다. 회식도 잘 안 하고 칼퇴근합니다. 직장에서 전화로 엄마한테 "엄마, 기획서 나보고 쓰라는데 그거 어떻게 써?" 묻는 캥거루 직원 이야기도 심심치 않게 들립니다. 건물주를 갓물주라고 칭하고 공무원 9급을 대기업 직장보다도 선호합니다. 능력은 어떨까요? 이들은 글로벌 감각과 눈부신 검색 속도를 빼면 기획 능력이나 인내심은 꽝이라고 합니다. 유리그릇 같아서 어려운 일을 시키기가 겁난다고도 합니다. 꿈이 뭐냐고 묻는 것은 실례고요. 반대로 직원들은 어차피 이 월급으로는 수억대 집을 살 수는 없고 결혼도 할 수 없고 전 세대에 비하면 자신들은 잉여(剩餘)이니 가심비 소비나 하고 여행이나 가자. 그게 소확행, 욜로 라이프로서 이제까지 개로 산 기성세대를 엿 먹이며 자기들 세대를 시크하게 차별화한다고 믿습니다. 이들은 직장 1.0세대의 '사업보국', '이 한 몸 바쳐 가족을 살릴 수만 있다면…' 등은 개뿔이고 사회 변화 같은 추상적인 목표에는 관심이 없습니다. 누군가를 돌본다는 것은 언감생심. 내가 사는 방식이 중요합니다. 유튜버 짱, 북유럽/몰디브 짱, 짱! 행동보다는 좋아요만 누르는 슬랙티비즘(slacktivism)이 본질이지만 일회용/플라스틱 사용 불가, 느리게 살기 등 지구적 미션에는 민감하게 반응하기도 합니다. 자기들이 살 지구니까요.

달도 차면 기우는 법이니 이런 직장 3.0버전이 과연 언제까지 갈까요? 인구절벽이 일단 끝나는 2025년? UN의 지속 가능성 개발 목표가 데드라인 시점이고 자율주행차, 안드로이드 로봇이 상용화되는 2030년?

잘 모르겠지만 이는 무엇보다 ▲ 스마트폰 생태계의 약화 ▲ 가상현실과 AI 진척 ▲ 글로벌 노마드의 부상 등과 관계되어 있을 것이라고 추측됩니다. 앞의 전망과 관련해서는, 실리콘밸리와 부자들 그리고 할리우드 연예인들 중심으로 '신종 러다이트 운동(디지털 기기를 쓰지 않는 운동)'이 일어나고 있는 것을 참조할 필요가 있습니다. IT 평론가 크리스 앤더슨은 "이제는 디지털 기술에 대한 접근을 누가 잘 차단하느냐에 따라 새로운 디지털 격차가 생긴다"라는 주장까지 하니 디지털이 마냥 맹위를 떨치지는 못할 것입니다. 아마존에서는 파워포인트 대신 A4지로 기획서를 내라 하고 마크 저커버그는 아날로그 책을 읽으라 합니다. 영국의 괴물 기업인 리처드 브랜슨이 운영하는 버진 그룹에서는 이메일을 쓰지 말고 사람을 만나 일하라는 지침도 내렸습니다. 아날로그의 반격이 직장에 불어닥칠 수도 있다는 얘기지요. 가상현실과 관련해서는 2000년생들이 주로 노출된 환경입니다. 코딩, AI, VR, MR 등의 (융합) 가상현실을 일찍 접한 그들에게는 앞으로 직장 4.0시대가 열릴 것 같은데 여기서는 디지털 베이스의 가상현실 직장, 글로벌 코드를 갖는 노마드 직장 형태가 나올 가능성을 조심스럽게 점쳐봅니다.

이상 직장 3.0까지 이르는 과정을 표로 만들면 다음과 같습니다.

〈직장 시대별 특징 비교표〉

	직장 1.0	직장 2.0	직장 3.0
기간	1954~1997	1998~2016	2017~
주요 사건	산업시대에서 정보화 사회까지	국가 부도, 구조조정, 스마트폰, SNS	촛불집회 소확행
코드	신분증	불안한 표적	메뉴판
상사 유형	형님(따꺼)	설득가	펠로우
종족	정착민	반(半) 정착민	유목민
명칭	베이비붐 세대, 386, X세대	밀레니얼 세대, 혼족	디지털 네이티브 (Z세대)
상징 동물	개	고양이	매, 두꺼비

이 표에서 제일 하단에 있는 상징 동물의 변천을 봐주기를 바랍니다. 개에서 고양이를 거쳐 매/두꺼비로 변해가는 과정을 말입니다.

2부

저부터
MCN이 될래요

2018년 대구 〈창조도시포럼〉에서 '즐거운 도시' 특강을 했는데 끼, 끼, 꿈, 깡, 꼴, 꾼 6ㄲ를 갖춘 MCN 개념을 매우 흥미로워했고 특히 좌장 여성분은 "저부터 MCN이 될래요." 했습니다. 그 뒤로 대구 그리고 여성을 '즐거운', '가능성' 코드로 기억하게 되었습니다.

#13

학사 인재와 박사 인재

후배가 그러는데 사회 인재에 학사, 석사, 박사급 인재 세 타입이 있답니다. 학사 인재는 사지선다형 문제를 푸는 수준 인재고, 석사 인재는 문제를 논술로 풀 수 있는 수준입니다. 그럼 박사급은? 스스로 문제를 내고 답을 찾는 인재랍니다. 아, 그렇군요. 제가 착각했습니다. 이상한 박사가 많아서 그만. 어쨌든 그런 정의로라면 박사급은 1%도 안 된다는데 그렇다면 99%는 살면서 스스로 문제 내기를 안한다는 거죠. 문제는 선생님, 사장님이나 내는 거지 학생, 직원 일은 아니니까요. 우리야 "무슨 이런 거지 같은 문제를 내" 하며 투덜거릴 뿐.

그런데 여기서 정색하고 묻고 싶어지네요. 여러분은 세상에 문제를 내본 적이 있습니까?

그 '문제'는 자잘한 게 아닙니다. 사회를 바꾸는 질문을 말하는 겁니다. 우리는 스티브 잡스, 마크 저커버그, 일론 머스크를 동경하면서도 그들이 "우리는 컴퓨터를 만드는 사람인가? 아니면 세상을 바꾸려는 사람들인가?", "우리가 기술 회사입니까?", "화성에 인류를 보낼 수는 없을까?" 이런 문제를 던진다는 것은 놓칩니다. 핀테크(fintech) 회사인 토스 광고를 보니 다른 행성에 발자국을 찍는 광고를 하더군요. 자신들의 문제의식은 단순히 금융에 있지 않다는 것을 드러낸 것입니다. 그들의 그런 문제의식들은 열린 마음과 변화의 열정에서 나옵니다. 세상을 향하고 그를 바꾸려는 열정이 있어야 기존 지식에 문제를 던지는 법입니다. 그러려면 많이 아는 것으로는 부족합니다. 책을 죽어라 안 읽는다고 타박해도 사실 지금 MZ세대의 지식은 옛날 50~60대보다 많을 겁니다.

그러나 일찍이 앨빈 토플러는 '진부한 지식(Obsoledge, Obsolete+Knowledge)'을 지적했습니다. 변화가 빨라 어제의 지식이 오늘은 3분 가십거리도 안 되는 세상이니까요. 과거 제가 기고하곤 했던 《유니타스 브랜드》는 브랜드 전문 매거진인데 기존의 브랜드 이론에 대해서 딴지를 곧잘 걸었죠. 좀 틀려도 딴지를 겁니다. 그래서 직장인들한테 인기가 있었습니다. 《유니타스 브랜드》 권민 편집장이 세계적인 브랜드 이론가인 데이비드 아커를 인터뷰했더니 "브랜드? 이젠 잘 모르겠다. 구글과 스타벅스가 나오고 나서 많은 것이 바뀌어버렸다"라고 말했다는군요. 요즘 마케팅과 브랜드계에 신(新)이론이나 매크로(Macro) 주장이 안 나오지요? 너무 빨라서 임두를 못 내는 겁니다. 요즘 교수님들 정말 불쌍해졌습니다. 이제는 그런 매크로, 정형화된 이론보다 현실 문제해결, 사회 변화 의지와 실천이 더 중요해졌습니다. 저는 최근에 당장 시급한 성 인지 감수성과는 다른 궤에서 '지속 감수성', '지구를 생각하는 …' 문제를 놓고 나름의 해결 방안을 찾는 중입니다. 그럼 시야가 달라지고 만나는 사람들이 달라집니다. 서울대 김상훈 경영학 교수는 2000년대에 《하이테크 마케팅》 책을 썼는데 중간에 문화에 관심을 가졌고 최근엔 그를 바탕으로 진정성 쪽으로 전환했습니다. 그래서 《진정성 마케팅》이란 책을 펴냈습니다. 그 속에는 세상의 수많은 변화가 담겼고 본인의 세계도 풍성해졌습니다. AI 공포를 깨려는 문제의식의 발로라고 믿습니다.

요즘 일본이 좀 문제가 많은 것 같지요? 《뉴욕 타임스》는 이미 20년 전부터 일본이 IT 기술은 빨리 개발하고도 세계시장에서 처지는 것은 일본 국내시장에만 갇혀 있기 때문이라고 지적하면서 그를 '갈라파고스 신드롬(Galapagos syndrome)'으로 불렀습니다. 그런데도 일본은 아직 그 섬에 갇혀 있는 것 같습니다. 그 나라 동력은 한국을 비난하는 데서 찾는 것 같다는 느낌인데 왜 저럴까요? 세계에 대한 문제의식이 없어서일 겁니다.

반면 고 이건희 삼성 회장은 글로벌 쾌거를 이뤘는데도 계속 '세계는?', '10년 후는?'이라는 문제를 던집니다. 차세대 수종 사업을 묻자 아직 턱도 없는 수준이라고 했던 것도 미래를 모르기 때문이고 그러니 "10년 후를 생각하면 잠을 이룰 수 없다", "한국은 붕어빵 인재만 만든

다"라는 문제의식을 계속 갖는 거죠. 지금 삼성전자 하나가 일본의 대표적인 전자 회사 여섯 개를 합친 것보다 시가총액이 높습니다. 총수의 문제의식 차이가 이렇게 다른 결과로 나타납니다.

《하버드 비즈니스 리뷰》가 발명가, 혁신적 사업 모델을 만든 사람들을 조사한 결과 다섯 가지 DNA를 찾았다고 합니다. Associating(다른 것과 짝짓기), Questioning(문제 내기), Observing(관찰하기), Experiment-ing(실험하기), Networking(관계망 형성)이 그것들인데 융복합 시대에 맞는 DNA들이죠. 다 중요하지만 여기서도 문제 내기가 그 무엇보다 중요한 요소로 나옵니다.

기업 이야기는 그만하고 이제 우리를 돌아볼까요?

우리는 구(Google) 선생, 네(Naver) 선생, 유(Youtube) 선생, 요 세 선생 덕분에 세상을 다 아는 것 같지만 다른 사람도 다 아는 것들이고 그들이 있다 한들 자기 문제를 내지 못하는 지식은 붕어빵 지식일 뿐입니다. "정보의 풍요가 관심의 빈곤을 낳는다"는 격언이 있는데 여기 '관심' 대신에 '문제의식'을 넣어도 말이 됩니다. 문제의식은 곧 자기 생각인데 당신 생각이 뭐냐? 물어보면 "좋아요", "싫은데요", "그냥"… 이럽니다. 지하철에서 사람들이 거북목으로 보는 스마트폰을 슬쩍 들여다보면 게임, 쇼핑몰, 드라마만 봅니다. 아, 답답. 인터넷 강국이라는데 지식 바보, 문제 감치(感痴)들만 늘어나는 것 같습니다.

지금 정보 시대의 생존법은 지식을 좇기보다, 편집을 하는 것보디 니만의 문제를 내야 오히려 세상을 끌어갈 수 있다는 것! '이건 왜 그렇지?', '나하고 무슨 관계일까?'를 끊임없이 묻지 않으면 박사 인재는 요원합니다. 남에겐 맞는 것도 나한텐 안 맞을 수 있고 세상에 돌아다니는 정보의 70%는 남들도 다 아는 옵솔리지일 뿐입니다. 그러니 신문, 네이버, 유튜브, 틱톡 따위를 한 달간 보지 말고 주위 사람들 입에 오르내리는 어젠다를 듣고 질문하는 습관을 키워보고, 나와 다른 세상 많이 만나고, 평소 안 가는 현장도 찾아가 한 달에 한 번은 뇌 마사지 차원에서 직접 관찰해보십시오. 1년만 그리하면 신문, 앱, SNS에 머리 박은 사람보다 똑똑해져 있을 겁니다. '앞으로 10년, 사람은 무엇으로 살까?'를 묻고 문제를 세 개만 내어보십시오. 그럼 학사 인생과 결별하고 박사 인재로 거듭날 겁니다. 이 책 3부에서 힌트를 찾아도 좋고요.

우리가 사회를 어떻게 위합니까?

부장 시절에 저는 새해 들면 부서 3계명을 말하곤 했습니다.

• 회사와 나 그리고 사회를 위해서 일하자.

• 힘든 일은 버려보자. 대신 힘든 재미를 추구하자.

• 막연한 경험보다 근거 있는 영업을 하자.

이 세 가지가 그것입니다. 두 번째는 덴마크 미래학자 롤프 옌센이 말한 이야기와 꿈을 파는 시대의 워킹 모럴이죠. 문제는 첫 번째인데 이거 쉽지 않지요. 고참 직원이 먼저 되묻습니다.

"부장님, 우리가 어떻게 사회까지 위합니까? 회사는커녕 나 하나도 추스르기 힘든데. 아직은 이상적인 말씀 아닌가요?"

옆의 직원들도 은근히 고개를 끄덕입니다. 여러분은 이 직원의 '아직은'이란 이의에 대해서 어떻게 생각하십니까?

그 직원은 '사회'라는 것을 너무 크게 생각하는 것은 아닐까요? 민족사회, 국가사회, 인류사회… 이런 것들을 생각하니 그런 건 영웅이나 위인이 하는 위대한 일로 생각하는 거죠. 빌어먹을 우리 교육이 그렇게 만들었습니다. 댐의 틈에 손을 넣어 막다가 마을을 구하고 죽은 소년 이야기, 섬돌에 머리를 짓찧어 죽어간 엄청난 충신 이야기만 들려줬잖아요. 두 번째는 회사의 가치와 사회의 가치가 서로 다른 것으로 생각하는 좁은 기업관 때문입니다. 사회를 위하려면 기업의 이익을 포기해야 하는 '공헌 따로, 이윤 따로'로 보는 경우가 많은데 이 역시 구시대 기업관입니다.

윈(Win)이 많은 사회로

'윈-윈'이란 표현은 이제 상식이지만 그 개념이 나온 1990년대 중반 전에는 하나만 원하는 '너 죽고 나 살기' 게임 시대였습니다. '나도 살고 너도 사는' 윈-윈이란 개념은 당시에는 꽤 혁신적인 모델이었습니다. 그런데 우리는 아직도 그 윈-윈 개념에 머물러 있습니다. 사실은 아직도 대부분 원만 추구하죠. 그런데 크게 이기려면 윈-윈이 중요합니다.

윈-윈이 되는데 왜 윈-윈-윈-윈… n개의 윈은 안 됩니까? 게임에서 윈이 많을수록 성숙한 사회의 게임 법칙 아니겠습니까. 홍대 앞에서 실험예술을 하다가 제주도 서귀포 시절을 거쳐 지금은 곡성 강빛마을에서 마을 예술을 하는 코파스의 김백기 대표는 과거 홍대 시절에 월 1회 '홍대 앞 문화 발전 세미나'를 주관하고 연말에는 홍대 앞 예술가들의 오랜 숙제였던 '홍대 앞 문화예술상'을 주관했습니다. 그는 원래 지독한 기업 혐오, 예술주의자였는데 지금은 예술과 기업, 지자체, 상권의 윈―윈―윈 게임을 역설합니다. 기업에 적대적이었던 그가 뒤늦게 기업에도 예술계처럼 다양한 입장 생태계가 존재한다는 것을 경험하면서 '윈을 많이 만들수록 생산적'이라는 생각의 전환을 이루게 되었다고 합니다.

예술가도 바뀌는데 기업도 이제는 바뀌어야 합니다. 윈을 많이 만드는 경영이 바로 혁신의 우뇌경영이고 ESG 경영입니다. 기업은 통상 판매량과 점유율 사이에서 고민하는데 점유율은 하나의 윈을 추구하는 경영이고 판매량은 사업 다각화, 블루오션, 고부가가치 창출 같은 많은 윈을 추구하는 경영이죠. 콘텐츠 개방을 추구한 애플과 기술 비교우위를 추구한 삼성을 비교해보면 될 겁니다.

이제 부서 직원의 볼멘 질문에 답할 때인 것 같습니다.

"사회가 그렇게 거창한 것일까? 판매점에 가서 점주를 보고 활짝 웃으면서 '와! 오늘 사장님 얼굴에 생기가 도네요. 5년은 젊어 보여요' 해봐. 기분이 좋아진 점주가 그날 고객들에게 어떤 서비스를 할까? 그럼 고객은? 내 그 한마디로 많은 관계 사슬들에 엔도르핀이 돌게 되잖아.

가끔 보온병에 커피를 타서 '이거 직접 탄 건데 00 명품 커피입니다. 한 잔 드시고 명품 영업하세요. 하하' 해본 적 있어? 아니면 차에 청소 용품을 가지고 다니다가 '가게 유리가 지저분한데 제가 닦겠습니다. 깨진 유리창의 법칙이란 게 있는데요… 가게 유리를 보고 손님들 기분도 바뀌거든요.' 매주 재미난 유머나 유익한 생활 정보를 준비해서 점주들에게 영업 자투리 시간에 들려줘 봐. 서로 자기 입장만 세우고 감정이 공유되지 않으니 '아휴, 요즘 경기가 힘들어', '저희도 죽겠습니다. 주문을 좀 더 해주시면…' 같은 힘든 일상이 반복되지. 세상을 밝게 만든 우체부 프레드 이야기가 그렇게 먼 이야기가 아니야. 그러면 로버트 치알디니가 말한 '상호성의 법칙'에 따라 점주들이 네 영업을 도와줄걸. 이게 윈-윈-윈-윈 게임 아닐까. 성숙한 사회의 우뇌형 명품 영업이고. 그러면 영업은 힘든 일이 아니라 힘든 재미가 돼. 너는 사실 이미 하고 있어. 네가 가끔 저녁에 사오는 피자에 직원들이 좋아하잖아. 그걸 영업에 적용해봐."

직원의 표정을 보니… 에효! 그다지 동의하는 것 같지는 않지만 고개는 조금 끄덕입니다. 그러면 되었습니다. 이제는 작은 사회를 위하는 작은 실천이 위대한 일이 되는 사회입니다. '아직은'이 아닙니다. 김정운 여가경영학 교수가 말한 것처럼 아직도 '독수리 5형제 증후군(지구를 구하는 추상적 숙제에 매달리는 증후군)'이나 '인천에 배만 들어오면' 하는 한방 신드롬에 빠져 있다면 회사와 나, 사회를 위하는 명품 비즈니스는 요원합니다.

나는 지금 원을 몇 개나 만들면서 살고 있나 곰곰이 생각해보십시오.
원을 많이 만드는 사람이 명품 인재입니다.

필자 주) 2020년 10월, 서울혁신센터는 주변의 불광동 먹자골목 상인/지역 예술가/혁신파크 입주단체들과 협업해서 상권 가게의 시그니처를 아트 팻말로 제작해주는 '갤러리 프로젝트'를 했습니다. 그 과정을 영상 토크로 담아서 홍보도 해줬습니다. 참여한 상인들, 예술가들, 입주단체들이 너무 좋아하고 시민, 시의원들도 좋아합니다. 이게 우리가 사회를 위하는 원-원-원-원 방식입니다.

파르마콘 경영

산업화가 분업에서 시작했듯이 그 연장선인 현대는 구분의 시대라고도 할 수 있습니다. 우리 교육도 늘 그렇게 가르칩니다. 효율 vs 비효율, 독 vs 약, 좌 vs 우, 사용자 vs 노동자… 많은 것을 구분하지요. 그런데 역사적으로 보면 꼭 그렇지는 않았습니다. 파르마콘(pharmakon)은 고대 그리스에서 약물, 치료, 독 등의 상반된 의미를 동시에 지닌 용어입니다. 약국을 뜻하는 파마시(pharmacy)가 여기에서 나왔지요. 꽃나무 협죽도의 올레안드린 물질은 청산가리보다 독성이 강하지만 공기를 정화하며 심장병, 이뇨, 혈액순환 한약재로 쓰입니다. 대변은 직접 닿으면 독이지만 땅에 쓰이면 거름이 되고, 창을 하는 사람들은 마지막에 목소리를 틔우는 데 썼습니다.

이런 특질이 인재에 적용되면 그를 '파르마콘 인재'라고 볼 수 있을 겁니다. 히피들은 사회적으로 기피 또는 금기시되었던 담배, 알코올, 마약, 난교, 주술 등을 그들의 차별화된 코드로 활용했습니다. 권력자들과 권위적인 아버지에게는 독처럼 보였을 겁니다. 그러나 히피는 1960~1970년대 낡은 세상의 프레임에 자유, 반전, 몰입, 성 개념의 전복 등으로 일대 충격을 가했던 약이기도 했습니다. 독을 약처럼, 약을 독처럼 신중하게 다루는 사람이 훌륭한 경영자입니다. 역사적으로 보면 그런 파르마콘 경영에 실패한 사례가 꽤 많습니다.

악마의 옹호자

2차 세계대전의 최종 수혜자는 미국인데, 저는 그중의 가장 큰 수혜가 뛰어난 유대인들이 유럽을 떠나 대거 미국으로 탈출한 것이라고 봅니다. 유대인은 역대 노벨상 수상자의 40%에 육박합니다. 16세기 말 스페인과 20세기 초 독일은 유대인을 박해하고 추방함으로써 결과적으로는 큰 손해를 자초했습니다. 스페인의 펠리페 2세가 기독교주의에 빠져 유대인을 추방한 결과 유대인들은 네덜란드로 탈출했고 이후 네덜란드는 유대인을 중심으로 금융과 항해업, 문화산업을 일으켜 일약 유럽의 강국으로 부상했습니다. 20세기 독일과 독일 점령국가에서 탈출한 유대인 천재들은 미국 발전에 얼마나 이바지했는지 이루 다 말할 수가 없습니다. 스페인과 독일 두 나라는 유대인을 고리대나 하는 독으로 보았지만, 사실은 약 중의 명약이었던 것입니다. 미국을 지탱

하는 3대 플랫폼이 영어, 달러 그리고 개방성입니다. 그중 다름에 대한 개방성은 지금 G2로 부상한 중국과 단적으로 차이가 나는 플랫폼이지요. 미국 대학과 연구소, 실리콘밸리로 향하는 세계 두뇌들을 보세요. 인문과 기술의 인재들이 서로 융합하는 MIT 미디어 랩과 노엄 촘스키, 하워드 진 같은 쓴 소리쟁이에 대한 개방성을 보세요. 미국은 끝내 아프리카 흑인을 받아들여 재즈, 블루스, 엘비스의 로큰롤이 탄생했지요. 마틴 루터 킹과 맬컴 X에서부터 오바마 등이 있어 미국은 정의를 말할 수 있게 되었지요. 악의 축을 주장하며 대결만 강조했던 네오콘 정부 부시 그리고 차별주의로 광기를 부렸던 트럼프를 제외하면 미국은 대체로 '파르마콘 경영'을 잘했던 나라입니다. 그걸로 국부도 이뤘고 명성도 올렸습니다.

그러니 다른 인재를 받아들이는 파르마콘 경영은 예나 이제나 지혜로운 일인 겁니다. 중세 유럽의 기독교에는 '악마의 옹호자(Devil's Advocate)' 전통이 있었다고 합니다. 성인(聖人)으로 인정하고 추대하는 심사 때 의무적으로 몇 사람이 반대 의견을 제시하게 해 형식적이기 쉬운 추대 과정을 공론의 장으로 만들었습니다. 이때 반대자가 바로 악마의 옹호자입니다. 인텔의 창업자 앤디 그로브 회장은 중요한 임원 회의가 있을 때 반대 의견을 말할 외부인을 악마의 옹호자로 참석시켰답니다. 임원들은 외부인이 토의 안건에 제시한 반대 의견을 들은 후에야 비로소 자신의 의견들을 내놓았습니다. 애플의 스티브 잡스는 스스로 악마의 옹호자 노릇을 했다고 합니다. 직원들은 변덕쟁이에 예리한 스티브 잡스를 두려워했고 증오했지만, 그들은 세상을 바꾸는 물건을 만들어냈습니다.

파르마콘 위원회

한국 대기업에서 출세하려면 인·노·비 출신이어야 한다는 자조 섞인 말이 있습니다. 에헤라디야~. 인·노·비는 인사, 노무, 비서실 출신을 말합니다. 현대적 경영 개념을 창시한 경영사상가 피터 드러커는 기업에서 가치를 만드는 것은 '혁신'과 '마케팅'뿐이라고 했는데 인·노·비 활동이 이들 중 어디에 해당한단 말인가요? 오너나 CEO를 몸의 간처럼 알고 있는 이들은 기업이 위대함에서 멀어지는 악의 결정을 자주 합니다. 공공 부분은 특히 그렇습니다. 공공이 연 예산 500조를 쓰는데 30%인 150조는 헛돈일 겁니다. 공공에 넘쳐나는 인·노·비 때문에요. 그래서 이들 조직에 가칭 '파르마콘 위원회'를 설치하면 어떨까 생각합니다. 현재의 공공 원칙에는 어긋나더라도 그것이 시민에게 도움이 되면 실행을 권유하는 위원회 말이죠. 저는 서울혁신센터에 국내 유일의 '웃음문화팀'을 두었습니다. '참 편한 토크'도 운영했었지요. 사회혁신이라는 무거운 주제를 수행하는 조직에 오히려 가볍고 엉뚱한 팀을 두어 혁신의 독주를 견제한 겁니다. 웃음문화팀이 일종의 파르마콘 팀인 셈이지요.

비록 양만춘에게 한쪽 눈을 잃었지만 나름 나라를 잘 이끌었던 당 태종에겐 위징이란 신하가 있었습니다. 위징은 원래 이세민이 황제가 되기 전 그를 죽이라고 주장했던 인물입니다. 그는 태종의 신하가 된 뒤에도 쓴소리를 멈추지 않았지만 태종은 그를 늘 곁에 두었습니다. 위징이 죽자 태종은 "사람이 역사를 거울로 삼으면 나라의 흥망성쇠의 도리를 알 수 있으며, 사람을 거울로 삼으면 자신의 잘잘못을 알 수 있는 법이오. 위징이 죽었으니 나는 거울을 잃어버린 것이오"라며 슬퍼했습니다. 그의 파르마콘 인재 경영이 중국의 최대 번영기였던 정관(태종 대의 연호)의 치를 가능하게 했던 것입니다.

이런 당태종보다 두세 수 위 대왕이 바로 조선의 세종입니다. 대왕은 최만리처럼 악착같이 그를 반대하는 사람을 오히려 곁에 두고 우대하며 특유의 논쟁 문화를 펼칩니다. 그 중심기관이 집현전이었지요. 그런 파르마콘 경영으로 세종은 조선 중세의 찬란한 르네상스를 엽니다. 정조가 연구했던 왕도 세종입니다.

파르마콘 경영이 안 되고 파르마콘 인재가 없는 조직은 10년 후에 두 가지 어려운 길만 남습니다. 하나는 납작 엎드려 목매는 인생으로 사는 것, 또 하나는 '독(毒)-인간'으로 저항하다가 결국 짐 싸는 것. 교육자, 부모들도 이 파르마콘 인사이트를 잘 생각해보십시오.

#16

현대판 공룡과 지혜로운 구경꾼

"이게 나라냐?" 하던 때가 있었습니다. 그래서 2016년 말과 2017년 촛불집회로 국민은 정부를 바꾸었습니다. 그리고 이어진 이슈는 적폐 청산, 미투, 갑질이었습니다. 그중에서 지금도 제 마음에 짐짐한 여자 후배의 갑질 피해 사례를 하나 들어보겠습니다. 충남 출신에 키가 크고 말도 똑 부러지는 차도녀 스타일입니다. 후배는 주로 정부 산하기관 이벤트 일을 10년 정도 했습니다. 서로 바빠 몇 년을 못 보다가 그녀가 웬일로 유럽에서 찍은 사진을 한 달 이상 페북에 올리기에 "너, 세월 좋다. 부러비." 댓글도 달았습니다. 얼마 후 후배가 저녁을 먹자 연락이 왔습니다. 그런데 혁, 얼굴이 해쓱합니다. 말도 처연합니다.

"오라비, 나 회사 접었어. 살려고 유럽 간 기야. 아팠거든."

"아니 왜?"

"걔들이 전화로 해도 될 걸 군이 오라고 하고는 회의 10분 하고 가라고 해. 주말에 할인 마트에서 카트 한 가득 쇼핑을 하고는 나보고 결제하라고 부르고 살롱에서 저들끼리 술을 (처)먹고는 새벽 두 시에 와서 결제하라는 거야. 10년간 정말 죽을 것 같았어."

화납니다. 그러나 호락호락 같이 울어줄 제가 아닙니다.

"을도 못된 놈 많아. 퀄리티도 안 되는데 돈은 꼬박꼬박 요구하고, 뭐라 하면 부패방지위원회에 고발하겠다고 협박하고, 거짓말하고, 합의한 시간도 못 맞춰서 피해를 주고도 나 몰라라 하고."

짐짓 꼬집었더니 후배는

"그런 을도 있지. 그런데 갑이 그것 때문에 심장병 앓아? 죽어?"라며 파랗게 눈총 쏩니다.

이코노믹 갱스터

괜히 애꿎은 S전자를 잠시 소환하겠습니다. 거기가 한국 제일의 슈퍼 갑이라 그렇습니다. 한국 기업의 자존심, S전자는 울트라 거인이며 기업들의 거울입니다. S전자를 10여 년간 이끈 권오현 회장의 책《초격차(超格差)》는 리더, 조직, 전략, 인재라는 네 가지로 구성됐는데 살벌한 글로벌 경쟁시장과 U보트 같은 조직에 선 최고 경영자의 고뇌를 알게 해준 책입니다. 문체도 겸손하니 좋았습니다. 그런데 여기에 '협력사와 공생'이라는 다섯 번째가 빠졌다는 아쉬움이 남습니다. 그것이 있었으면 진정한 초격차 거인, S전자가 되지 않을까 하는 아쉬움 말이죠. 격차(隔差)가 아니라 격차(格差)라기에 더 그렇습니다. 격(格)은 레벨 차이를 뜻하는 말이니까요. 이 책을 홀푸드 마켓 CEO인 존 매키가 쓴《돈 착하게 벌 수는 없는가》와 비교하면 격차가 더 느껴집니다. "협력사 관리는 부장 정도나 할 일"이고, 회장은 "글로벌 경쟁에 매진하는 것이 내 일이지" 하면 후배가 눈 파랗게 떨던 갑질 개선은 요원합니다. 이런 갑질은 개인과 기업 차원의 폐해만 부르지 않습니다. 다른 나라 사례를 보겠습니다.

EBS에 후원 요청 광고가 엄청 많지요? 5~6개 국제구호단체가 셀럽들을 동원해서 단돈 2만 원만 기부해 달라고 합니다. 볼 때마다 마음은 아픈데 의문이 듭니다. '언제까지 이럴 건가?', '아프리카인, 그들은 무엇을 하고 있나?', '우리가 낸 기부금은 과연 제대로 전달되고 제대로 쓰이는 건가?' 유니세프 임원에게 들으니 한국은 유니세프 기준 후원 금액이 세계 4위랍니다. 깜놀입니다. 2차 세계대전 후 아프리카 등에 무려 1,000조 원 이상의 돈을 선진국에서 지원(최장 400년에서 몇십 년간 그들이 파괴하고 약탈해 간 건 그것보다 수십 배)했지만 어떤 국가는 여전히 가난합니다. 왜 그럴까요? 교육을 못 받고 피임에 무책임하며 기후 때문일까요, 아니면 낙천적 블랙 유전자 때문에? 아닙니다. 주된 이유는 부정과 부패로 경제를 파괴하는 중간자들 때문입니다. 그들이 얼마나 치명적인지는 젊은 경제학자 레이먼드 피스먼과 에드워드 미구엘이 공저한 《이코노믹 갱스터》에 나옵니다. 어이없고 분노가 들끓게 하는 내용이 다수인데 책을 보면 그것이 아프리카 이야기만은 아님을 알 수 있습니다. 한국도 다루지를 않아서 그렇지, 절대 만만치 않습니다.

한국은 여전히 부패와 불신 지수가 높은 나라지요. 2018년 10월 말 KBS 프로그램인 〈명견만리〉의 주제가 '불신 사회 한국'이었습니다. 그 자료를 보면 한국의 불신 수준은 그리스, 칠레보다 약간 낮을 뿐 평균치를 훨씬 상회하는 수준이었습니다. 대상별로 보면 국회, 대기업, 법원, 언론 순으로 불신 수준이 높았고 병원조차도 신뢰 수준이 56%밖에 되지 않습니다. 당신들 우짤꼬야, 정말! 이처럼 신뢰를 깎아 먹는 자들이 바로 이코노믹 갱스터들이고 그 주된 행위가 바로 갑질입니다. 그들은 이코노믹+'소셜 갱스터'들이기도 하지요. 모 지역의 여성 기획자가 신문에 투고한 글 하나 보실까요.

○○ 지역 공무원들이 기획사를 선정해놓고는 자신들이 기획, 디자인을 다 하며 시민의 세금을 자기 돈처럼 갑질한다. 이메일은 절대 답 안 하고(근거를 남기면 안 되므로), 전화로 늘 오라 가라 하고 그들 시간에 맞춰 1시간여를 대기하는 내가 너무 초라하다.

지역 공무원과 일하다 보면 다 인정하는 그런 내용이지요. 그런데 이런 갑질이 과연 여기만일까요? 아니, 과연 공무원만 그럴까요?

누가 악마의 맷돌을 돌리는가?

영국의 철학자 버트런트 러셀은 《행복의 정복》에서 지성과 감성을 배제하고 의지와 경쟁을 강조하는 사람들을 "현대판 공룡"이라고 불렀습니다. 1930년에 쓴 책인데 마치 지금 쓴 것 같습니다. 그는 이 공룡들이 질투와 욕망으로 서로 살육하다가 멸종할 것이므로 최후의 승자가 되지는 못할 것이며 결국 "지혜로운 구경꾼들이 공룡들의 왕국을 물려받게 될 것"이라고 했습니다. 현대판 공룡과 지혜로운 구경꾼이란 비유가 뜨끔하지 않습니까? 왜냐하면 공룡이 아직 멸종하지도 않았고 또한 보통의 우리는 지혜로운 구경꾼도 아닐 것이기 때문입니다. 꿈을 잃은 N포세대. 나 우선주의 갑질과 지역사회에 신 토호(土豪) 등의 대두를 보면 지혜와는 거리가 멀어 보입니다. 러셀은 "자기를 뛰어넘는 법을 배워야 하고 그렇게 함으로써 우주를 자유롭게 이용할 수 있어야 한다"고 진심 당부를 합니다. 우리는 잘 모르지만 '생명의 경제학자' 존 러스킨은 《나중에 온 이 사람에게도》에서 이런 말을 했습니다.

노동은 인간의 생명이 그 적과 벌이는 투쟁이다. (중략) 양질의 노동에는 육체의 힘을 전적으로 조화롭게 다스리기에 합당한 지성과 감성이 필수적이다.

오늘날 노동을 생명의 요소가 아니라 돈으로만 대하는 우리 태도에 160년 전인 1862년에 이미 경종을 울린 것입니다. '나중에 온 이 사람에게도'는 성경에 나오는 구절입니다. 우연히 이 책을 읽은 간디는 "내 삶을 송두리째 뒤바꾼 책 한 권"이라고 말했다고 합니다. 칼 폴라니는 1944년에 출간한 《거대한 전환》에서 우리가 신봉하는 시장경제를 다양한 삶의 방식과 가치를 분쇄하는 '악마의 맷돌(Satanic Mills)'(영국 시인 윌리엄 블레이크가 시집 《밀턴》 서문에서 사용)에 비유했습니다. 이 시에서 맷돌은 제분소를 말하는 것이지만 종교에서는 사람을 갈아버리는 무시무시한 맷돌로 묘사되기도 하지요. 폴라니는 무한한 욕망을 갖고 경쟁적으로 사익을 추구하며 악마의 맷돌을 돌리는 시장경제 대신 환경의 조화와 정의를 추구하는 '사회적 인간', 공동체 구성원의 생존 욕구를 지속해서 충족시키기 위해 물질적 수단을 제공하는 경제체제의 필요성을 강조합니다. 그런데 지금의 현실은 칼 폴라니가 우려한 대로 가고 있는 것 같습니다. 오늘날 만연한 갑질이 바로 사회적 인간이라는 이상을 분쇄하는 악마의 맷돌이니까요. 그런데 그 맷돌을 돌리는 사람은 다름 아니라 '악의 평범성(Banality of evil)'(한나 아렌트가 히틀러 정권의 2인자 아이히만 재판을 보고 정의한 말. Banal은 그냥 '평범한'이 아니라 '시시하고 따분한'이라는 뜻)을 일상과 직장에서 보여주는 우리!

능력이라는 폭력

심장병 걸려? 죽어? 라고 파랗게 쏘아붙였던 여자 후배는 지금 충남에 있는 고향에 가서 농사일을 거들고 있습니다. 페이스북에 가끔 글을 올리는데 이제는 담담해 보입니다. 그동안 세상은 꽤 변했습니다.

좋은 소식 미투, 갑질 방지, 부패 방지 위원회, 권익위원회, 직장 내 괴롭힘 방지법 등이 발효. 중대재해기업처벌법 국회 통과.

나쁜 소식 일부 훌륭한 갑과 조직문화 사례가 늘고 있지만, 자존심과 인권을 교묘하게 건드리면서도 책임지지 않는 갑질 문화는 아직도.

《정의란 무엇인가》를 썼던 마이클 샌델 교수가 《공정하다는 착각》이란 책을 냈습니다. 한국의 1990년생들이 주목하는 가치도 '공정(Integrity)'이었죠. 샌델 교수의 책은 공정 테마 중에서도 주로 이 시대에 만연한 능력주의를 비판한 책입니다. 능력은 노력, 의지, 공정, 선한 것이라는 그간의 인식이 착각이라는 겁니다. 갑질을 하는 사람들은 자신의 지위와 성취가 자신의 능력(시험, 승진)에 의한 것이니 그 권한을 나중에 온 아랫것들에게 무한 구사해도 된다는 착각을 합니다. 그래서 이 시대의 능력은 합법적 폭력으로 군림합니다. 도덕과 양식이 결핍된 능력은 폭력이 되지요. 그런데 학부모부터 도덕과 양식이라는 말은 중고 핸드폰처럼 똥값이 됐습니다. 아, 도대체 무엇이 중한디. 러셀의 바람처럼 공룡은 지혜로운 구경꾼에 의해서 결국엔 멸종할까요? 러스킨의 바람처럼 나중에 온 이 사람에게도 우리는 달란트를 주어야 하지 않을까요?

호모딴짓엔스

이대 앞 카페. 《딴짓 매거진》 창간 파티에 초대받아 갔습니다. 대기업을 다니다 막 퇴사한 사람, 출판사에 다니는 편집자, 소소한 가정을 가지고 싶다는 야망(?)을 품은 디자이너, 이 세 여성이 만든 자유로운 파티였습니다. 매거진 첫 장에 '호모딴짓엔스(Homo-Ddanzitens)'란 말이 떡 적혀 있습니다. 정의는 다음과 같습니다.

호모딴짓엔스 ─ 밥벌이와 연관이 없는 활동을 하는 인류를 말한다. 인간의 행동을 딴짓이라는 측면에서 파악하는 인간관을 가리키는 용어로 쓰이기도 한다. 주로 1980년대 출생자로 소소하고 쓸데없는 이런저런 활동을 통해 삶의 의미를 채우는 인간 집단을 포괄하고 있다.

매거진을 더 넘기니 "청춘을 팔아 돈을 챙기는 이들에게 딴짓을 추천한다. 어쩌면 정체된 우리 세대에게 어울리는 건 '꿈'이 아니라 '딴짓'일지도 모른다"란 글이 들어옵니다. 매거진을 만든 세 명 중, K기업 출신인 박초롱의 글입니다. 그녀는 대기업을 다니면서 토요일이면 경복궁 앞 인도에서 가판대를 깔고 생과일과 그녀의 수제 주스 등을 파는 딴짓을 감행했었지요. 파티 좌담회 중에 '캄보디아 털보'라는 30대 청년이 "꿈을 강요하는 사회, 꿈의 높낮이를 재는 사회, 딴짓을 두고 가치판단을 내리는 사회현상이 딴짓하는 사람을 기인으로 만드는 거죠"라고 한 말도 들어옵니다. 그는 사진작가로 캄보디아 어린이들의 사진을 담는 일을 한답니다. 1990년 해외여행이 자유화되자 직장을 때려치우고 카메라를 사서 무작정 파리로 날아갔다가 유스텔을 못 찾아 공중전화 부스에서 잠을 잤다던 신미식 작가가 떠오릅니다. 그는 마다카스카르와 에티오피아로 가서 바오밥나무를 찍고 오지 어린이들의 커다란 눈망울을 찍었지요.

삐딱 호랑이들

창간 멤버들의 호칭도 특이합니다. 그들은 각각 1호, 2호, 3호로 부릅니다. 나이순. 그런데 호(號)라는 것은 집단에서 순서를 정해 부르는 뜻이지만, 호의 오른쪽은 호랑이(虎)의 뜻이고 왼쪽의 글자는 목소리가 잘 나오지 않아서 울부짖는다(号)는 뜻입니다. 그래서 호령(號令)이란 말이 있는 거지요. 울부짖는 호랑이! 딴짓 1호, 2호, 3호는 뭔가 말하고 싶어 우리를 차고 나온 호랑이들이네요. 매거진은 이 사회가 1980년대 밀레니엄 세대를 보던 삐딱한 시각을 뒤집어 묻고 있습니다.

"딴짓하면 왜 안 되는데요?"

"돈이 모든 것을 걸 만큼 중요한 거예요?"

호모딴짓엔스들은 1960~1970년대 히피들처럼 거친 비난도 마약도 페미니즘도 획기적 주장도 하지 않습니다. 담담, 소소, 그냥, 장수 파티를 했으면… 이런 소망들. 이들을 보니 시대를 넘어 삐딱하게 매칭되는 그룹이 생각납니다. 1919년에 창간한 국내 최초 문학동인지《창조》입니다. 김동인, 주요한, 전영택 등이 창간 멤버인데 모두 평양 출신의 부유한 집 자제들입니다. 이들이 발표한 게 〈불놀이〉, 〈약한 자의 슬픔〉, 〈혜선의 사〉 등입니다. 당시 이들의 나이가 앞의 둘은 19세, 뒤는 25세. 요즘 나이는 실제 나이에 0.7을 곱해야 예전 조숙했던 세대들의 사회적 나이와 같을 거라고 하니 2015년 딴짓 창간 멤버 1호, 2호, 3호 나이가《창조》동인지 나이와 비슷할 것 같습니다. 1900년대 초 한학을 했던 기성세대의 시선으로 보면, 현대 문학을 창조하겠다는 이들 1919년 남자 1호, 2호, 3호들도 분명히 딴짓엔스들이었을 것입니다. 역사의 최초는 대부분 딴짓한 사람들의 짓이지요. 그런데 바뀌었습니다. 창조라는 거대한 언어에서 딴짓이란 시시한(Banal) 언어로!

에굽으로 도로 가지는 않죠

5년이 지나 1호를 서울혁신파크에서 우연히 만났습니다. 그녀는 여전히 《딴짓 매거진》을 발간하고 있고 그 멤버들도 그대로고 그간 《우리의 직업은 미래형이라서요》, 《사표 내지 않는 여자들을 위한 야망 안내서》 같은 책도 내고 성수동 디캠프 스타트업 축제 감독도 하고 연남동 거리에 '책 읽는 술집'과 파주에 독립 서점을 말아먹었습니다. 1호가 페이스북에 올렸던 글이 기억납니다. "태평양 한가운데 쪽배를 띄워놓고 새는 배의 물을 바가지로 푸는 기분"이라나 뭐라나.

혁신파크에서 다시 만난 그녀에게 커피를 홀짝이며 물어봤습니다.

"다시 기업으로 갈래?"

"그건 아니죠."

"힘들 텐데…."

"이스라엘로 간 유대인들이 다시 에굽으로 가진 않겠지요."

저는 1호에게 서울혁신파크의 5주년 기념 책자 저술을 맡겼습니다. 그녀가 정한 책 제목은 오! 《미래를 만져보실래요》

헬로우, 딴짓엔스들! 그러시오. 미래를 만져보시오. 꼭. 그리고 나도 딴짓 좀 하겠소.

MCN-세상을 바꿔나가는 사람들

1부의 박스 글 '한국 직장의 시대별 컬처 코드'에서 봤듯이 직장인의 풍경이 변하고 있습니다. 풍경은 이른바 환경을 만들고 인간은 그 환경에 종속되곤 합니다. 환경을 넘어서기는 무척 어렵습니다. 그럼에도 신이 인간을 환경에 종속되도록만 만든 것은 아닙니다. 인간에게는 환경을 깨는 '의지(will)'라는 것도 있습니다. 그래서 어떤 유인원은 나무를 내려와 두 발로 걷는 인간이 되었고, 자원빈국 한국은 자원강국을 제치고 IT강국이 되었습니다. 그 의지는 어떤 직장인에게는 자기와의 약속이라는 형태로 구현되기도 합니다.

천둥벌거숭이의 약속

1990년대 초 국산 운동화 회사(현재 프로스펙스) 회장님이 10대들의 잇템이었던 나이키, 아디다스 같은 외국 고급 운동화에 대항해 "독립했소?"라는 신문광고를 냈습니다. 유관순 복장을 한 소녀가 태극기를 들고 전면을 무섭게 바라보던 (요즘으로 치면 스웨덴의 환경운동가인 19세 그레타 툰베리의 매서운 눈초리 같은) 흑백 광고였습니다. 컬러 광고 시대에 꽤 화제는 됐지만, 광고 전문가들 사이에는 시대착오적 시도라고 구설수에 올랐습니다. 그런데 그 광고에 숨은 스토리를 아는 사람은 드물 겁니다. 저도 몇 년 뒤에 들었습니다. 그 광고가 나간 날 저녁, 회장님이 광고기획자 L 국장을 불러 술을 가득 따라주며 "나를 이해해준 유일한 사람"이라며 눈물을 흘렸다는 겁니다. 2019년에 노 재팬 운동에 동참하며 젊은 층들이 "독립운동은 못 했어도 불매운동은 한다" 했던 그 독립운동! 그것이 그가 사업하는 그만의 약속이었던 겁니다.

이본 쉬나드는 원래 암벽 타기, 오지 탐험을 하던 환경운동가였습니다. 그가 그런 곳을 다니면서 곳곳에 버려진 환경파괴 상품들을 보고 그는 창업을 결심합니다. 그래서 만든 회사가 바로 파타고니아입니다. 그 회사는 어처구니없게도 그 비싼 뉴욕 스퀘어 가든 광고판에 "이 재킷 사지 말라(Don't buy this jacket)"는 광고를 합니다. 대신 중고제품을 사라고 합니다. 지구를 지키겠다는 약속이 그를 그렇게 만든 것입니다. 아니타 로딕은 먹고살려고 동네 병들을 주워 모아 녹색 라벨을 붙여 팔면서 더바디샵을 설립했지만, 후에는 남편(《빅이슈》 공동 창업지)과 함께

히피였던 시절에 했던 자유, 평등, 연대의 약속을 사업으로 구현했습니다. 바보 같은 이들은 도대체 어떤 사람들일까요?

바다는 표층과 심층이 있습니다. 표층만 보고 심층을 알기는 어렵습니다. 뭔가의 이유로 바보(?)의 길을 가는 사람들의 가슴 심층에는 겉으로 드러난 이유와는 다른 자기만의 약속이 있는 것 같습니다. 그래서 그들은 족쇄 같은 환경을 넘어설 수 있었을 겁니다. 제가 참으로 존경하는 ㈜대학내일의 김영훈 사장은 1971년생이며 중앙대학교 회장단으로 운동권 출신입니다. 대학내일신문에 입사하여 프로모션 팀을 만들고 10년간 어렵게 회사를 일궜습니다. 그는 철저하게 직원 중심이며 사스, 메르스, 코로나19를 겪는 등 상황이 어려워도 해마다 직원을 10~20% 채용합니다. 좋은 일자리 창출이 그가 사업하는 이유니까요. 연간 목표와 예산을 팀이 정하고 연봉도 팀이 정하는 말 그대로 책임 경영을 합니다. 사장보다 연봉이 높은 팀장도 여럿 있습니다. 매년 20% 성장에 지금은 직원 350명에 연 700억대 매출의 사장이지만 현재 평촌에 살고 소박한 차를 고집합니다. 김 사장은 3년에 한 번 신임투표를 받고 80% 미만 득표를 하면 그가 오너임에도 사직해야 합니다. 그것이 그의 약속입니다. 한번은 84%를 얻은 적도 있었답니다. 그는 '주인이어야 주인의식이 생긴다'는 철학으로 투명 경영을 합니다. 그는 아내가 멘토입니다. 한번은 경기가 너무 어려워 직원을 줄이려고 했을 때 아내가 "당신은 원래 이중적인 사람… 약속을 지키라"는 따끔한 지적에 마음을 바꿨다고 고백합니다.

제가 썼던 책《동심경영》의 주인공인 스카이72 골프 앤 리조트는 붕어빵 서비스와 펀 마케팅으로 유명합니다. 그 골프장의 김영재 사장은 기존의 골프장들이 불편했습니다. 주말에라도 스트레스를 풀려는 주말 골퍼들에게 딱딱하고 권위적으로 골프장을 운영하는 것이 에이스 회원권 사장 시절부터 싫었답니다. 골프의 원조 국가인 스코틀랜드에서 그가 본 캐디, 어린이, 마을 공동체는 그렇지 않았습니다. 마을 커뮤니티의 중심이었고 누구나 편하게 이용할 수 있는 곳이었습니다. 그래서 그는 스스로에게 약속합니다. 당시로서는 정말 파격적으로 '골프에서 펀을 찾아라(Discover fun in golf)'라는 슬로건을 정하고 편하고 유머러스한 골프장으로 만들었습니다. 김 사장에게 사업 철학을 묻자 그는 "동심처럼"이라고 말했습니다. 디즈니와 태양의 서커스의 철학처럼 그도 동심을 짚은 겁니다. 이것이 그의 약속이었습니다. 덕분에 그는 골프장의 이단아로 불리지만 국내외 수많은 상을 탔고 매출도 국내 1위입니다.

이태원 뒷골목이 황량했던 시절에 외롭게 들어온 홍석천 사장은 코로나19 전만 해도 식당 사업으로 대박을 쳤었습니다. 그러나 그가 잘 나가던 때 커밍아웃을 선언하고 나서 9년은 지옥 같은 나날이었다고 합니다. 연예계 동료들의 도움과 동남아 뒷골목 레시피 식당이라는 참신한 콘셉트로 그의 식당은 '마이(My) ○○' 시리즈로 확장해갔는데 듣기로는 그의 직원은 게이들도 있다고 합니다. 게이들의 고통을 누구보다 잘 알기에 홍 사장은 그들에게 최선의 서비스를 요구하고 대신 직원들에게 회사 지분을 준다고 합니다. 그 덕분에 이태원 뒷골목이 아주 다채로운 공간으로 다시 태어났습니다.

저는 이들을 MCN이라고 불러봅니다. '미친놈(년)'의 이니셜입니다. 욕처럼 들리지만, 아시지요? 욕 아닙니다. 우리말에 별난 놈, 괴물 등이 욕이 아니고 영어에서도 '바보', '얼간이'로 번역되는 너드(Nerd), 긱(Geek)이 욕이 아닌 것처럼요. 너드나 긱이 자신들이 매몰되는 전문 영역이 있는 자들을 지칭한다면 MCN은 전문성이 아니라 지향점과 마음가짐에서 차이가 납니다. 모래시계를 보고 반이나 남았네, 반이 비워졌네 하는 양자택일 프레임에 빠지는 것이 아니라 "겨우 모래시계? 나는 만년 시계를 볼 거야" 할 사람들. MCN은 풀자면,

M — 숫자보다 의미(Meaning)를 중시한다.
C — 도전(Challenge)해 변화(Change)시킨다.
N — 그들만의 놈(Norm, 기준, 약속)이 있다.

그들은 자기 꿈에 빠져 현실을 거부하고 보통사람들보다 훨씬 더 많이 실수하고 착각합니다. '꿈팔이 구라'라고 빈축을 사기도 합니다. 그럼에도 그들이 바보 얼간이가 아닌 것은 무언가 의미를 추구하고 끝내 넓은 설원에 발자국을 남긴다는 점 때문입니다. 누구와도 다른 '나'의 가능성을 중시하는 '천둥벌거숭이' 사람들! 천둥벌거숭이는 비가 오고

천둥이 치는 여름날에 무서움을 모르고 나대는 고추잠자리를 말합니다. 고추잠자리는 그러나 가을의 전령사입니다.

비현실적인 사람들의 힘

저는 힘들 때면 가끔 매머드를 사냥하는 원시인들을 상상합니다. 원시시대에 작디작은 직립 원숭이가 자신보다 몇십 배나 거대한 매머드를 사냥하는 것은 비현실적이었습니다. 그러나 그 비현실적인 원숭이가 결국 지구를 지배했고, 덩치는 크지만 썩은 고기만 먹은 독수리는 인간에게 쫓겨 다니고 기생충의 역사는 인간보다 길어도 여전히 기생충일 뿐입니다. 나무에서 내려오지 않은 원숭이는 지금도 바나나에 만족하며 나무에서 꽥꽥거리고 있습니다. "현실적이지 않은 것들이 현실을 결정한다"는 역설을 습지의 두꺼비들은 기억해야 합니다.

2006년 여름, 아르헨티나 오지를 여행하던 블레이크 마이코스키는 거기 아이들이 맨발로 수 킬로미터를 걸어 다니는 현실에 충격을 받았습니다. 그래서 아이들을 도울 방법을 구상했습니다. 결과 아르헨티나의 알파르가타(Alpargata, 에스파냐의 토속적인 신발)의 모양과 편안한 착화감을 모티브로 하여 '내일을 위한 신발(Shoes for Tomorrow)'이라는 뜻을 담은 '탐스 슈즈'를 탄생시켰습니다. 탐스는 한 켤레가 팔릴 때마다 한 켤레를 도움이 필요한 아이들에게 기부하는 'ONE FOR ONE'이라는 철학으로 '착한 패션' 사업을 주도했습니다. 마이코스키는 사실 이진에 사업을 네 번이나 말아먹은 청년이었지만 그의 착한 꿈은 결국 탐스 슈즈로 실현되어 오지의 어린이들도 신발을 갖게 되고 그래서 먼 학교까지 갈 수 있게 되고 발로 옮기는 질병들에서 구제되었습니다. 그는 숱하게 "바보야, 너부터 살아"라는 소리를 들었을 테지만 그로 인해서 세상에는 1+1 서비스가 획기적으로 늘어났습니다.

저는 은행 인증번호가 너무 헷갈리고 해킹도 겁납니다. 은행을 거치지 않아도 누구에게나 돈을 직접 전할 수 있다면 어떨까? 중앙 서버가 필요 없는 저장소가 있다면 어떨까? 비현실적일 것 같은 이 모든 일을 가능케 할 기술이 '블록체인(Block Chain)'입니다. 2008년 일본의 사토시 나카모토(실제 일본인이 아니고 유럽 발명자의 가명이라는 설이 유력)가 암호화 기술 커뮤니티 메인에 〈비트코인: P2P 전자 화폐 시스템〉이라는 논문을 올렸고 여기서 비트코인을 "전적으로 거래 당사자 사이에서만 오가는 전자 화폐"라고 소개하고 "P2P 네트워크를 이용해 이중 지불을 막는다"라고 설명했습니다. 원장 분산 시스템은 컴퓨터와 금융의 민주주의를 실현하려는 그의 비현실적 이상에서 나온 것이었습니다.

세상에 현실적인 사람들, 기업들이 95%는 될 겁니다. 우리는 주로 이 큰 숫자 95%를 보지만 이 숫자를 뒤집으면 5%는 현실적이 아니라는 겁니다. 그 5%의 비현실적인 사람들이 펼친 캠페인이 세상을 움직였습니다.

• 스펙 없고 돈 없는 기획사에서도 자기만의 마케팅으로 세계적 스타가

된 BTS

- 불모의 남이섬에 상상망치를 휘둘러 기적을 이룬 강우현과 400여 직원들
- 21세기의 시대에 느닷없이 노자 열풍을 일으킨 김유열 EBS PD
- 예술 경영을 표방하며 국악 단체와 축제, 남산 한옥당 운영을 지원하는 크라운 해태
- 언젠가 수족관에 있는 돌고래를 바다로 돌려보낼 꿈을 꾸는 돌고래 유괴단
- '겟 리얼 뷰티(Get Real Beauty)' 캠페인을 한 유니레버 비누 제품 도브
- 《기네스북》을 편찬하는 맥주회사 기네스
- 마이크로소프트가 디지털 백과사전을 만들려고 시도했던 엔카르타 프로젝트가 실패한 지점에서 지미 웨일즈가 단 몇 명과 시작한 우리들의 백과사전 위키피디아
- 6년 준비 끝에 37km 상공에서 자유낙하를 하는 스트라토스 프로젝트를 한 바보 레드불

만약 이들이 없었다면 혁신과 약속, 아름다움이란 단어는 세상에서 실종됐을 겁니다. 비현실적인 이들은 남의 평가를 중시하지 않습니다. 그들은 직장에 있더라도 환경을 넘어서 일 속에서 재미와 가치를 찾습니다. 제 추정이지만 그들은 일 년 동안 일하고 나면,

- 나를 위해 무엇을 했는가?
- 회사를 위해 무엇을 했는가?
- 사회를 위해 무엇을 했는가?
- 위 셋이 만나는 접점을 만들었는가?

이 네 가지 기준으로 자신을 평가할 사람들입니다. 이들이 쫄보 세상을 넓혀가는 작은 거인들이겠지요. 극소수 유니콘 창업자 외에는 사람이 없는 것 같은 이때, 저는 이런 직장 내 MCN들을 세상에 소환하고 싶습니다. 그래서 이 책을 쓰는 겁니다. 우리 안에 있는 위대한 바보를 불러내라고!

상상을 담는 그릇

2008년, 신임 마케팅 본부장이 브랜드 부장으로 한창 잘나가던 저를 느닷없이 강북본부로 발령을 냈습니다. 조직에서 흔히 겪는 이른바 전략적 좌천입니다. 뭘 개척하라는 것도 아닙니다. 이 시기가 오면 대부분은 현장에 가서 사고 없이 인내심과 충성심을 검증받고 오면 됩니다. 그게 보통 큰 기업에 다니는 직장인들의 상식입니다.

당시 강북본부는 서대문의 오래된 물류창고 건물을 쓰고 있었습니다. 지금은 그럴싸한 고층빌딩으로 변했지만 당시는 3층 창고 건물로 빛바랜 회색에 낡고 빈방도 많았습니다. 본부 직원과 지사 직원 합쳐서 70~80명이 일하고 있었는데 마당은 넓었고 으슥한 빈방에 가서 숨으면 아무도 몰랐습니다.

상상을 담는 콘테이너

거기서 저는 특수영업부를 맡았습니다. 명색이 부이지만 달랑 직원세 명과 도우미 네 명밖에 없었습니다. 배우 '남진' 비스무리 생긴 과장과 도깨비 같은 직원(바이크를 타고 다니고 모창에 뛰어나며 추진력은 타의 추종을 불허. 그를 X맨이라고 하겠음)이 있었고, 나머지 한 명은 같이 가기 힘든 직원이었습니다. 그전에 생긴 모종의 사건으로 부의 일은 거의 중단되고 예산도 고작 4억 미만. '본사에서 1,800억 마케팅 예산을 관리하던 나였는데…. 이런 게 조직인가?' 힘이 쭉 빠졌습니다. 제가 지역으로 발령났다 하니 외부 지인들과 본사 후배들이 찾아왔습니다. '너, 이제 끝난 거지?' 확인하려는 까마귀의 눈빛 같습니다. 굴욕의 시절. 삼성 출신의 여자 후배가 찾아와 아킬레스건을 건드렸습니다.

"선배가 그동안 성공을 했던 것은 솔직히 예산이 많아서 아닌가? 돈없이도 성공해봐야 진짜지."

강하게 통침을 찌르는 이 말에 저는 오기가 불쑥 치밀어 올랐습니다. 그러나 당장은 해법이 없었습니다. 뭐라도 하자 싶어 팀명을 상상을 담는 콘테이너란 뜻의 '상콘'으로 바꾸고 슬로건은 '팝콘보다 튀는 상콘'으로 정했고 X맨과 화장실 안에 글 판 장난도 쳐서 본부에서 화제는 됐지만, 그것도 잠깐, 대박은 없었습니다. 옆에 두 부장들은 그냥 가만히 있다가 다시 본사로 가면 된다고 조언을 해주었습니다. 그럼 전무까지는 간다면서요.

그러던 중 본부장이 직원 셋을 충원시켜줬습니다. 클럽과 페스티벌에 밝은 '꽃미남', 만화를 잘 그리고 유머십이 좋은 '유부남(유머가 있고 부드러운 남자)' 그리고 Y대 경영학과를 나온 신입사원 '똑신(똑똑한 신입사원)'입니다. 그렇게 성원이 되자 제 MCN 본능이 드디어 드러났습니다. 일단 본사에 있을 때의 별명 '회식 부장'으로서 진면목을 드러냈습니다. 매주 월요일에는 서대문 경찰청 옆 호프집에서 회식하면서 상콘의 비전과 마케팅 기초이론, 세상을 바꾼 혁신자 이야기를 떠들었습니다. 직원들은 이를 '상콘 OJT'라고 불렀습니다. 금요일 저녁에 하면 그냥 회식이고 월요일에 해야 한 주를 때는 연료가 된다고 저는 믿습니다. 요즘은 미투, 주 52시간 영향 등으로 회식 따위는 안 하는데, 그때 그랬다면 상콘은 동력 30%는 잃었을 겁니다. 회사는 뜻이 모일 회(會), 제사나 단체란 뜻의 사(社)입니다. 회(會)는 쌀을 찌는 도구에 뚜껑을 얹는다는 뜻인데 그러면 상하가 합쳐 만나고 모입니다. 그러니 회사는 어원부터 먹는 것과 관계가 있는 겁니다. 컴퍼니(Company)도 'com(함께)'+'pane(빵)'을 붙인 것으로, 한솥밥을 먹는다는 말이라고 합니다. companion(친구, 동료)도 빵 친구란 뜻인 거지요. 그러니 "회식해야 동료다" 이것이 회식 부장인 저의 주장입니다. 제가 서울혁신센터장 할 때도 매주 목요일이면 사무실 전 직원이 먹을 빵을 준비했습니다.

꽃미남은 얼굴이 하얗고 동안이었는데 사교성과 적극성이 남달랐습니다. 출근하면 눈을 동그랗게 뜨고 달려와서는 "부장님, 부장니─임. 제가 어제 이태원에서 재미난 곳 보고 왔는데요…" 하면서 바람을 넣어줬습니다. 그가 홍대 앞 클럽 DJ들을 연결시켜줘서 부장은 클럽이 어떻게 시작돼서 강남으로 가면서 타락했는지 배웠습니다. 남진 과장은 늘 경쟁사 정보와 홍대 앞, 강남, 해외 클럽 동향을 들이댔습니다. 저는 일단 클럽 내 홍보와 도우미 활동을 중심으로 일을 했지만 다 마음에 차지 않았습니다. 이건 경쟁사도 하는 일들로 차별화가 되지 않았으니까요. 게다가 돈 싸움이었습니다. 더 많은 돈을 대는 회사가 물 좋은 클럽을 가져갔습니다. 클럽들은 액수를 늘려가며 기업들을 경쟁시켰는데 글로벌 경쟁 3사는 아낌없이 돈을 질렀고 울 회사는 이 싸움에서는 늘 언더독이었습니다. '이건 상콘다운 일이 아니야. 우리는 우리여야 한다.'

그러나 저는 상콘의 일, 그것이 뭔지 아직 몰랐습니다. 그러던 5월 어느 날, X맨이 점심시간부터 안 보였습니다.

길 끝에서 만든 커뮤니티 마케팅

오후 늦게야 X맨이 왔습니다. 물어보니,

"신촌에 대학교 두 군데 가서 총학 간부들 만나고 왔습니다."

"와이(Why)?"

"대동제 한다고 제품 협찬과 간행물 광고를 부탁해서요. 매년 하는 겁니다."

X맨은 별일 아니라는 듯이 말했는데, 부장은 바로 이런 '별일 아닌 데서 번쩍' 해야 합니다. X맨의 말에 뭔가 신호가 왔습니다. 저는 대안

도 없으면서 일단 혀를 찼습니다.

"쏘(So)? 겨우 대학생들이 부른다고 쪼르르 가고, 대선배로 자존심도 없나?"

"그럼 이리로 불러요?"

X맨이 항의조로 받았습니다. 본인도 지금 열 받고 왔다는 사인입니다. 열 받으면 뭔가 가능성이 있는 겁니다. 제 머리에 아이디어가 떠올랐습니다.

"부른다고 가면 지는 거야. 불러야지."

"걔들이 왜 와요? 아쉬운 건 우리인데요."

"그럼 걔들을 아쉬워하게 해야지."

그제야 X맨이 장난이 아니다 싶은지 꼬리를 내렸습니다.

"무슨 뜻인지 잘⋯."

부장은 바로 직원들을 창고로 불러서 저마다 대학교 때 무슨 동아리를 했는지 물었습니다. 신입인 똑신이 5개 대학교 경영 연합동아리에 있었다는 말에 번쩍– 했습니다.

"경영 동아리?"

"30년이 넘었고 현재 한은총재도 동아리 선배십니다."

빙고.

"굿(Good). 걔들 이번 달에 불러. 두 가지를 주겠다고 해."

"부장님, 그게 뭡니까?"

"너 마케팅에서 말하는 3C 알지?"

똑신은 경영학과를 나왔습니다.

"소비자(Consumer), 경쟁자(Competitor), 자사(Company) 그거요?"

"그래, 우린 본부니까 거기서 '자사'를 우리 부서로 생각해."

"그러니까요. 우리 부서는 예산도 없고 제품도 샘플링 할 수 없다고 …."

"그렇다고 줄 게 왜 없어? 일단 너희 부장이 가진 자산을 써."

이때 남진 과장이 끼어들었습니다.

"부장님 자산은 아이디어와 추진력인데 그걸 어떻게 학생들한테 써요?"

"Hello, You! 내가 가진 자산은 그런 추상적인 것이 아니라 문화마케팅 실전 사례고 내 지인들 중에는 브랜드 전문가가 많아. 대학생들이 필요한 실전 지식, 네트워크, 스펙에다가 그들이 동아리 활동할 때 서로 연결해주고 경우에 따라 소액 지원도 해줄 수 있을걸."

이렇게 창고 작당을 시작한 우리는 동아리 대학생들을 불러서 월 1회 마케팅과 문화기획 특강을 하기로 했습니다. 이름은 '상콘 아카데미', 슬로건은 '마케팅은 나를 날카롭게 하고, 문화는 나를 깊게 한다.' 똑신이 회사 밖으로 며칠을 돌아다니더니 뒤가 구린 표정으로 후배들 몇 명이 올 거라고 보고했습니다. 당연히 후배들은 "왜요?"라고 말했을 테고 똑신은 "얘들아, 한 번만 와주라. 강의가 엿 같아서 후배들이 다음엔 안 온대요 하면 되니까. 나 좀 살자" 했겠지요.

수요일 저녁이 되자 창고 건물에 15명 정도 대학생들이 정말로 우르르 왔습니다. 창고 건물 넓은 강의실에 옹기종기 앉아서 햄버거와 우유를 먹고 난 후, 1부를 bit 브랜드 컨설팅 회사 K 대표가 강의했습니다. "브랜딩은 아기를 키우는 것과 같다"로 시작된 그의 20년 실전 내공에 학생들이 빨려 들어갔습니다. 사실 그분은 여간해서는 강의를 하지도 않을뿐더러 해도 비싼 강의입니다. 2부는 제 문화마케팅 강의인데 두 강의 다 반응이 괜찮은 것 같았습니다. 두 시간 반 강의가 끝나자 대학생들이 "부장님, 이거 매달 하나요?", "다른 동아리 친구들을 데려와도 되나요?" 물었습니다. 오우! 얘들아… 물론, 물론이지. 후배들이 똑신에게 "형 회사 멋지다"라고 알랑 인사하니 그제야 "그럼, 그럼 우리 부장님인데… 하하하" 하며 똑신의 얼굴이 밝아졌습니다. 그렇게 상콘 아카데미가 만들어졌고 회원은 6개월 만에 300명이 넘었습니다. 강의 참가비 5,000원에 회사가 5,000원 매칭. 무조건 유료를 고수했습니다. 펀드는 6개월 후 각 동아리 활동에 전액 지원했습니다. 그러자 대학가 동아리들이 몰려왔습니다. 난타 상무, 페스티벌 감독들, 점거예술가 등의 문화 파트 운영자들과 아모레퍼시픽, 한화, 삼성전자 출신 온라인 전문가 등도 불원천리 와서 강의를 해줬습니다.

이런 활동을 지켜보던 본사가 예산을 늘려줬습니다. 덕분에 강의실도 좋은 데를 빌리고 강의 후에는 홍대 앞 주점에 갈 정도는 되었습니다. 이번에도 회식은 필수입니다. 거의 50~60명이 참석하기 때문에 1회 회식비만 70만~100만 원. 자리에 강사님은 반드시 참가해야 합니다. 회식 비타민! 먹고 마시고 수다를 떨어야 긍정 에너지와 인연이 생깁니다. 일이 많아져 패션 매거진 에디터였던 '오랑'(그녀 걸음걸이가 때로 오랑우탄 워킹임)을 계약직으로 뽑았습니다. 사이트에 다양한 동아리 소식이 계속 올라오고 직원들은 핫한 칼럼을 찾아 올리고 강사를 직접 섭외하기 시작했습니다. 현대카드 홍보실장, 한국에 마다가스카르를 소개한 신미식 사진작가, 200만을 돌파한 독립영화 〈워낭소리〉의 이충렬 감독, 대안교육 공간 하자센터의 김종휘 대표 등을 오랑과 똑신이 직접 섭외했습니다. 일이 점점 늘어났습니다. 연세대 재학생 '말하는 새'도 파트 타임으로 뽑았습니다. 말하는 새는 비틀스가 타고 다녔을 그런 바이크를 타고 동아리만 세 개를 뛰는 마당발이었습니다. 그를 통해서 마술, 댄스, 파티 기획 등 특이한 동아리들이 또 들어왔습니다. 1년이 안 돼 700명까지 늘어났습니다. 그들은 어중이떠중이들이 아니라 대학가에서 명성이 쟁쟁한 향영, 컬처 유니버, 애드 플래시, 마케팅 공화국, 사이프 같은 학술 동아리들과 댄스, 마술, 클럽 파티 문화 동아리들이었습니다. 그러자 본사 마케팅과 브랜드 부서, 대구와 제주, 경기 등 다른 지역본부에서도 찾아왔고 상콘 모델을 배워갔습니다. 시작 1년 반이 지날 무렵엔 드디어 본사 마케팅실이 상상마당 콘텐츠와 합쳐서 상콘 모델을 전국 조직으로 확대했고 통합 사이트도 만들었습니다. 그 사이트가 현재 누적 회원 50만 명인 대학생 최대 커뮤니티로 컸습니다. 전국 14개 상상 팀이 운영하는 '상상 아틀리에'는 음악, 댄스, 마케팅, 패션, 사진, 캐릭터, 3D 프린터, 지역봉사 등 영역에서 연중 실습과 토론이 이루어지고 있습니다.

저는 당시에는 몰랐는데 이것이 몇 년 후 주목받기 시작한 커뮤니티 마케팅이었던 겁니다. 저도 그 후 실전 사례를 바탕으로 커뮤니티 전략 강의도 하고 전문가인 양 소론도 썼습니다. 사실 기업들은 다양한 종류의 커뮤니티를 운영합니다. 할리 데이비슨이 커뮤니티 전략으로 유명한데 이것은 할리 오너 그룹(H.O.G.)이 자발적으로 만든 커뮤니티입니다. 호그 랠리는 세계적으로 유명합니다. 이와 달리 회사가 만든 사례로는, R&D 대신 C&D(Connection & Development) 모델을 주창하면서 맘과 청소년 두 그룹을 대상으로 커뮤니티 활동을 전개한 P&G, 직원 가족들을 대상으로 하는 IBM 등이 있습니다. 자세한 주장은 이 책 3부 마지막에 박스 글로 게재하겠습니다.

이상은 처음에는 조직에 실망했지만 돈 없이 해보라는 후배 야유에 발끈해서 어디로 갈지도 모르지만 그럼에도 일단 '상콘'이라는 팀을 만들고 '팝콘처럼 튀어보자'며 저지르다가 결국 커뮤니티 마케팅이라는 새로운 경로를 만든 스토리였습니다. 독자님들도 혹시 이런 일을 당했을 때 실망하지 마시고 오뚝이처럼 일어나 멋진 반전을 해보시길 바랍니다. 일시 밀려났다고 포기할 것은 없습니다. 길은 내가 끝내기 전까지 끝난 게 아니니까요.

저부터 MCN이 될래요

2018년 말, 대구 '창조도시 포럼'에서 발표를 하던 중에 툭 던졌습니다.

"지금은 MCN이 필요한 때입니다."

"???"

"아, MCN은 미친놈의 약자입니다."

그러자 좌중이 빵 터집니다. 제가 가끔 쓰는 말인데 '멀티채널 네트워크(Multi-Channel Network)'로 더 잘 알려진 약어지만 그걸 다른 뜻으로 썼습니다. 토론자였던 여성 대표가 포럼 마지막에 "저부터 대구 MCN이 될래요" 합니다. 뻑하면 "네 아버지가 누고?" 묻는 보수적 도시 대구에서 여성, 청년들은 할 말 많지요. 한 달 후 대구 여성 CEO 협회에서도 특강을 했습니다. 거기도 MCN이라는 말에 또 빵! MCN은 늘 인기입니다. 그들은 예상치 못한 시도로 조직을 깨우는 미친 사람입니다. 덕분에 "바보야, 그걸 왜 해?" 소리를 밥 먹듯이 듣지요.

직장 밖의 MCN들

직장과 스타트업에도 제가 인정하는 MCN들은 꽤 있지만, 현재 조직에 있는 월급쟁이 그들은 아무래도 비밀을 지켜줘야 하는 인물들이라 책에서는 직장 밖의 MCN들을 이 자리에 올려봅니다. 그런 인사들을 홍보하는 것은 제 과제 중 하나이니 양해 바랍니다. 어쩌면 이분들에 대해 다른 의견을 가질 수도 있으나 이것 또한 양해 바랍니다.

─ 과천에 거리예술제를 만들고 타 도시에 거리예술을 확산시킨 1호 임수택 과천축제 감독(지금은 광주와 수원에서 총감독), 그가 이사 간 가평에서 자라섬 재즈 페스티벌을 국제적으로 성공시킨 인재진 감독, 또 거기서 가까운 남이섬에 상상나라 신화를 만든 강우현 부회장(지금은 제주에서 탐라공화국 건설 중), 강을 따라 올라가면 위기에 처한 춘천마임축제로 돌아가서 2020년 '백신(100 Scene) 프로젝트'로 온택트 시대 축제의 전형을 만든 강영규 총감독, 아래로 쭉 내려가면 평창 산골에 지역문화를 이식하고 러시아 극동 지역 야쿠츠쿠까지 활동 영역을 넓힌 '감자꽃 스튜디오'의 이선철 교수, 정동진에 하슬라 아트월드를 만든 최옥영/박신성 교수, 경북 청도를 명물 개그 도시로 만든 전유성(지금은 떠났음),

바다를 훌쩍 넘어가서 제주도의 돌하르방 박물관을 만든 김흥수 소장, 설문대할망과 오백 장군 신화를 간직한 돌 문화 공원을 만든 K 대표, 두모악 갤러리의 김영갑 사진작가, 홍대 앞에서 실험예술제를 하다가 서귀포를 거쳐 현재 곡성 강빛마을을 아트월드로 꾸미는 김백기/이정희 대표, 다시 육지로 돌아오면 지리산 청학동 위 돌산을 깎아 환인·환웅·환검을 모시는 삼성궁(三聖宮)을 세운 한풀 선사, 하동에서 ㈜놀루와로 공정여행을 주도하는 조문환 대표, 반대편 광주에 양림 살롱을 운영 중인 이한호 대표, 그리고 쭉 위로 올라오면 영종도 간척지 120만 평에 붕어빵 펀(Fun)을 심은 스카이72 골프장 김영재 대표, 한강으로 올라오면 양평 강가에 리버마켓을 만든 안완배 감독, 서울 필동의 예술통 프로젝트 박동훈 대표, 잘나가던 대기업을 때려치고 적정 기술과 대안 에너지를 연구하며 전파하는 강신호 박사(현재 예산), 서울-대전-일본-필리핀 등을 연결하며 공정 여행과 남북 교류를 추진하는 '공감 만세'의 고두환 대표, 주인이어야 주인의식을 가진다는 기치 아래 투명 경영을 하고 3년마다 직원들에게 신임평가를 받는 ㈜대학내일의 김영훈 대표, 조선일보 기자를 거쳐 실리콘밸리에서 벤처를 만들었다가 말아먹고 다음에서 아고라를 만들고 전화 지식서비스인 '링큐(RingQ)'를 만들었다가 또 말아먹고 저소득 학생들을 돕는 무동 회원이면서 지금은 중소벤처기업부 변화혁신실장을 거쳐 블루하우스에서 한국 벤처계를 지원 중인 석종훈 비서관, 늘 사람 좋게 웃고 자신을 부르면 기꺼이 달려가 도우면서도 "내가 골목상권 파괴자?" 고민 중인 ㈜우아한형제들의 김봉진 대표….

　이들이 제가 추천하는 직장 밖 MCN들입니다. 이들은 'ㄲ' 두음으로 시작하는 6가지 단어, 즉 ―꿈, 끼, 깡, 꾀, 꼴, 꾼― 능력의 존재들로서,

- 하고 싶은 것 또는 해야 하는 것에 대한 꿈(Mission)이 있었고
- 특정한 탤런트(Talent)를 살려
- 험한 곳, 낮은 곳에서 시작해서 최소 10년 이상의 미친 노력 끝에
- 문화 창조와 경제 효과를 창출했으며
- 그들의 터전은 스토리 넘치는 핫플레이스가 되었고
- 수많은 지지자를 만들고 가치를 확산

　이들은 생계와 세속적 인정(認定) 욕구와는 다른 기호와 지향을 가진 분들입니다. 그들로 인해 한국에는 누계 합 수천만 명이 찾는 보석 같은 명소와 명품 서비스들이 만들어졌습니다. 이들 공간이 'MCN 랜드'고 이들을 이으면 'MCN 벨트'가 만들어집니다. 이들 MCN 벨트 투어를 만들면 세계 유일의 'MCN 코스'가 탄생하지 않을까요? 스타트업, 기획자들은 이들 MCN 벨트를 돌면서 미친 발상, 가마솥 시간의 힘, 자기 극복, 그리고 특별한 성공 이야기를 듣기 바랍니다. 미국 네바다 사막 플레야의 버닝맨 페스티벌을 구글의 래리 페이지, 테슬라의 일론 머스크가 찾듯이, 스티브 잡스가 인도로 명상 수업을 찾아갔듯이.

MCN은 그놈의 꿈, 깡, 끼 때문에 뿔을 세우고 갑니다. 실패 확률도 높고 어렵게 성공해도 쉽게 매도되며 공은 곧잘 갓뎀 왕서방이 가져가지요. 세상엔 밥 짓는 자, 밥 먹는 자, 설거지하는 자가 따로 있다는 진리도 뼈아프게 받아들여야 합니다. 보수의 땅 대구에서 "저부터 MCN이 될래요" 했던 여자 대표분, 그래도 그 길 가실 거지요?

초인과 히어로

제가 좋아하는 영화 장르는 〈브레이브〉나 〈글래디에이터〉같이 스펙터클한 서사 영화, 〈반지의 제왕〉, 〈해리포터〉 같은 신화와 판타지, 〈매드맥스〉나 〈레디 플레이어 원〉 같은 덕후스러운 SF영화입니다. 〈슈퍼맨〉, 〈원더우먼〉, 〈어벤져스〉 같은 히어로 중에서도 슈퍼히어로 영화는 압도적인 뽕과 영상 테크놀로지에 놀라 좀 보긴 하지만 뻔하고 식상합니다. 할리우드 영화의 5대 프레임 ― 주인공은 옳다, 해피 엔딩, 대중은 우중(愚衆), 선과 악이 명확, 미국이 선― 에 토(吐) 나옵니다. 쉽게 말하면 좀 철이 없습니다. 미국의 50%를 대변하는 트럼프가 괜히 나타나는 게 아닙니다.

그러다가 우연히 인도 출신 감독 나이트 샤말란 감독의 3부작 영화를 보게 됐습니다. 나이트 샤말란은 브루스 윌리스가 주연한 반전영화의 대명사로 꼽히는 〈식스 센스〉 감독입니다. 이 3부작 영화도 장르는 히어로 영화고 반전이 있습니다. 당연히 5대 프레임은 무너집니다. 그리고 이 영화는 우리 직장인에게도 묻는 것이 있습니다.

애개, 이것도 히어로야?

3부작은 2000년 처음 1부인 〈언브레이커블〉부터 2부 〈23 아이덴티티〉, 2019년 3부 〈글래스〉까지 무려 19년에 걸쳐 제작했습니다. 고독하며 우직한 브루스 윌리스와 냉소적이며 샤프한 이미지의 사무엘 잭슨이 나옵니다. 둘 다 여러분도 좋아하는 배우일 겁니다. 소재는 미국에 만연한 만화(comics) 신드롬과 거기서 탄생한 히어로 신드롬에서 가져온 걸로 보입니다. 어떻게 보면 미국 문화에 대한 조롱 같기도 하고 비판적이기도 하면서 대중에 대한 바람까지 담긴 묘한 영화라는 생각이 듭니다. 어쨌든 이 영화는 저에게 많은 생각을 하게 만든 영화임은 틀림이 없습니다.

일단 '초인'과 '히어로'를 구분해야겠습니다. 초인은 신체적으로나 정신적으로 범인과 다른 아주 뛰어난 사람입니다. 반면 히어로는 정신과 신체가 초인이든 아니든 사회(대중)가 보기에 아주 훌륭한 일을 하면 히어로입니다. 직장도 히어로 마케팅을 하지요. 예전에 D 제약은 1층 로비에 '그달의 00 히어로'라고 크게 붙여놓기도 했습니다. 미국은 히어로 마케팅을 아예 국가적으로 하는 나라입니다. 둘의 관계는 이렇습니다. 초인은 히어로가 될 수도 있고, 조커나 타노스 같은 빌런(Villain)이 될 수도 있다는 것. 그런 점에서 미국은 사실 히어로의 나라죠. 프로테스탄트 히어로들이 도주하여 세운 나라고 대통령들은 다 독립의 히어로였습니다. 단군/황제/늑대 같은 신인(神人)이 만든 나라가 아닙니다. 서부 개척 시대 카우보이 히어로, 〈대부〉로 대표되는 갱스터와 마피아 히어로, 픽사와 마블이 만든 히어로 나라입니다. 기성 질서를 추구하는 권력자 그룹은 이들을 좋아하지 않습니다. 그래서 늘 보안관, 경찰, CIA나 FBI와 싸웁니다. 그들에게 히어로는 처치 곤란한 잉여들입니다. 그러나 소외된 대중들은 다릅니다. 꿈 같은 만화가 오히려 현실의 반영이며 자신들을 억압하는 미친 집단에게서 구원해줄 히어로가 현실에 있다고 믿습니다. 그래야 자기들도 살 희망이 있을 거잖아요.

자, 이제 영화 소개로 들어갑니다. 일단 3인의 초인이 순차적으로 등장합니다. 기관총을 맞아도 안 죽고 아파트를 들어 올리고 빌딩 사이를 날아다니며 심지어 시간을 통제하는 그런 슈퍼히어로는 절대 아닙니다. 1부 〈언브레이커블〉에서는 현실은 풋볼 경기장 경비원이지만 강철 체력으로 피해자를 구하는 데이비드 던(브루스 윌리스 분), 2부 〈23 아이덴티티〉에서는 23개의 다중 인격과 24번째 비스트의 인격까지 갖춘 케빈(제이슨 맥어보이 분), 그리고 3부 〈글래스〉에서는 천부적 약골인 대신 천재의 두뇌를 가진 엘리야 프라이스(사무엘 잭슨 분). 여기에 엘리 스테이플 박사가 끼어듭니다. 그녀는 비밀집단(SWAT)에서 초인과 히어로를 연구하는 일을 합니다. 착하게 생긴 스테이플 박사는 헉, 초인들을 잡아 정신병원에 가두고 설득하고 고문하고 심지어 전두엽 시술까지 합니다. 그러면서 집요하게 "당신은 절대 초인이 아니다. 과대망상증에 사로잡힌 확증 편향 환자다. 착각하지 마라. 대중은 당신을 이용하고 있다"라고 증거를 들며 논리적인 설득을 합니다. 이게 그녀가 속한 비밀집단의 미션입니다. 초인을 절대 인정하지 않고 무력화한다, 히어로는 안 된다는 미션.

이들 3인은 마지막에 죽습니다. 너무도 허망하게 말이지요. 그런데 이들은 진짜 초인이었을까요? 네, 초인입니다. 스테이플 박사는 그들 비밀집단 회합에서 "그들은 진짜(초인)였고 설득에 실패해서 사살. 임무는 성공"이라고 보고합니다. 그런데 영화가 여기서 끝나면 뭔가 허탈하겠지요? 히어로가 죽으면 안 되잖아요. 그런데 감독이 샤말란입니다. 〈식스 센스〉에서 주인공 말콤(브루스 윌리스 분)이 사실은 죽은 유령이었다는 전율의 반전을 만든.

만화의 꿈을 사랑하고 천재적 지능을 가진 엘리아 프라이스는 총괄 기획자로서, 병원 CCTV에 자신들의 탈출 과정이 다 찍히게 기획합니다. 병원에 갇힌 두 초인을 꼬셔서 도시의 최고층 건물인 오사카 빌딩 개장 행사 때 건물을 폭파하고 이때 두 초인이 등장해서 극적인 대결을 연출하겠다고 뻥을 치고는, 고작 병원 입구 광장 주차장에서 두 초인이 사투를 벌이게 만듭니다. 그러고는 초인들의 사투 장면 영상을 중앙 감시 영상에서 몰래 빼돌려 자신들 보호자에게 전송합니다. 보호자는 그들 영상을 시민들의 핸드폰과 방송국에 동시 공개해버립니다. 히어로는 대중에게 알려져야 하니까요. 천재 엘리아 프라이스가 피를 흘리며 엄마에게 전하는 마지막 메시지는,

"만화는 현실의 반영이며 우리 중의 누군가는 진정한 초인이다. 그를 애써 부정하고 왜곡하고 죽이려는 비밀세력에 굴하지 말고 스스로가 초인임을 잊지 말고 깨어나라."

이것입니다. 샤밀란 감독은 트릭, 생각 깨기의 명수입니다. 이 3부작에서도 초인과 히어로 구분, 히어로 신드롬에 대한 조롱 등이 느껴집니다. 생각은 좀 복잡하나 엘리아 프라이스가 마지막에 던진 초인 메시지는 기억에 남습니다. 이 영화의 초인들은 세상을 구하지 못했으니 히어로는 아닙니다. 깨어나야 히어로가 되는 겁니다. 어떤가요?

우리는 직장에서 범인인가요, 초인인가요?

초인에서 깨어난 직장 히어로인가요?

아니면 비밀집단 SWAT의 엘리 스테이플 박사인가요?

깨어나는 것은 무엇을 말하는 건가요?

미래 사회는 효창성으로 재자

현대그룹 이미지는 전통적으로 중후장대(重厚長大)지요. 그런데 그 그룹에서 이단이 나왔습니다. 아니 별종이라 하죠. 현대카드입니다. 그 회사는 전통적인 경영, 마케팅 관점에서 보면 참 특이한 존재입니다. 카드사인데 매년 슈퍼 매치/슈퍼 콘서트(2020년엔 '퀸'을 부름)를 열고 뉴욕 현대미술관(MOMA)에 한국 신진 디자이너를 소개하고 서울역 앞엔 쉘터 디자인도 하고 강남에는 디자인 팝업 서점을 열기도 했습니다. 메탈리카, 레이디 가가를 초대하는 시티 브레이크도 열었습니다. 회원만 이용할 수 있기는 하지만 희귀한 장서를 갖춘 디자인/오디오/트래블 라이브러리도 상설 운영합니다. 본사는 국회 의사당 앞에 있습니다. 요즘은 모르겠는데 일반인들을 회사에 불러 내부 투어를 시켜주며 홍보도 많이 합니다. 회사 로비에 심지어는 자동차 내부 디자인을 바꾼 설치물도 있고 궁금했던 디자인실은 대외비입니다. 이러니 목표 달성도를 재는 효과성이나 투입 대비 산출 효과를 재는 효율성 개념으로는 도대체 설명하기가 힘듭니다. 사람들이 홍보실에 많이 묻는답니다.

"그런 걸 왜 하는데요?"

그러면 그들은 이렇게 답합니다.

"왜 안 해야 하는데요?"

'헉, 민망하게스리.'

그 회사는 효과도 효율도 모를 그런 활동을 하고서도 헉, 기업카드사 중 점유율 1위입니다. 그뿐인가요. 금융권 경영 프레임과 문화마케팅에 일대 혁신을 불렀습니다. 그래서 의문이 생깁니다. 효과성, 효율성은 포드와 테일러리즘 이후 너무나 익숙한 평가의 눈이어서 우리는 그 외의 눈에 대해 의심을 하지 않았습니다. 그런데 현대카드가 몸소 보여주듯이 창조와 혁신, 지속 가능성과 공감 그리고 기존과는 다른 가치가 올지 모르는 블랙스완의 시대에는 뭔가 제3의 기준이 필요하지 않을까요?

미래 사회를 재는 기준, 효창성

저는 그걸 생소하지만 '효창성'이라고 불러봅니다. 效創性, 영어로는 Effi-Creativity 정도 되겠지요. 풀자면 미래를 위해 창발적 모험을 얼마나 했는가를 재는 기준입니다. 효과성과 효율성이 과거를 재는 기준이고 막힌 벽의 기준이라면, 효창성은 미래를 재는 기준이고 열린 창(窓)의 기준이 아닐까 싶습니다. 건축에 벽이 있고 창이 있어야 하는 것처럼 효창성도 있어야 합니다. 제가 효창성을 주위에 열나게 얘기하니 참신하기는 한데 비현실적이라 합니다. "그걸 어떤 주주가 인정하겠느냐?", "객관적 기준을 만들기 어렵다"… 하이고! 똑똑한 당신들은 어련히 그러겠지요. 그래서 현대카드의 "왜 안 해야 하는데요?"라는 반문을 이해하지 못하고 현대카드가 입사 선호 기업 톱 순위에 드는 현상을 여우가 포도 쳐다보듯 할 뿐이지요. 문화나 예술 창조를 효과성, 효율성의 관점으로만 재니 '문화 융성'이라는 기치 아래 단기 건수 올리기에 바쁘고 지자체는 콘텐츠 없는 하드웨어에 혈세를 낭비합니다. 그런 관점으로는 CSV(Creating Shared Value, 공유가치 창출)나 지속 가능성, 창조경제는 언감생심입니다. 전국시대 제나라 재상 맹상군이 돈도 안 되는 식객 수천을 둔 것, 중국 화교가 10년 뒤를 보고 사람과 관계에 투자하는 것, 독일이 2차 대전 후 초등교육 내용을 단순 산술+자전거 타기+수영 기반으로 바꾼 이유 등을 효과성, 효율성의 관점으로 설명할 수 있을까요?

가장 효창성이 높은 집단이 아마도 가정과 학교일 겁니다. 한 아이를 낳으면 무조건 20년간 최소 3억은 적자입니다. 아이는 기쁨도 주지만 고통을 더 주는 애물단지니까요. 그래도 남과 여는 힘든 사랑을 하고 애물단지를 낳습니다. 파충류의 뇌는 인류 존속이라는 효창성을 알기 때문입니다. 8세부터 시작해 16년 동안 지·덕·체를 연마하는 학교도 효창성의 전당인데 요즘 대학은 이런 효창성 가치를 잊고 있는 것 같습니다. 대학의 근간인 인문학과 사회과학을 천시하고 취업률과 수익성만 추구합니다. "캠퍼스니, 상가니?" 교육부가 대학교 교부금 효율성을 평가한다고 그렇게 만들어버렸습니다.

그 대가는? 구글이 꼽은 미래학자 토마스 프레이는 앞으로 15년 내 대학교 중 50%가 망할 거라고 말합니다. 왜? 현재의 대학 졸업장은 투입한 학자금 대비 취업과 고액 연봉의 확실한 증거라는 점에서 효율성의 상징인데 그 졸업장이 미래 창조사회에서는 별 쓸모가 없어질 거라는 이유에서입니다. 그는 대안으로 대규모 온라인 개방교육(MOOC)을 주목합니다. 여긴 졸업장이 없습니다. 다만 내재 실력과 이종학문 융합만이 있을 뿐입니다. 저는 여기에 글로벌 노마드 대학교도 추천합니다. 스페인 몬드라곤 대학교, 미네르바 학교 같은 건데 캠퍼스가 없습니다. 대신 전 세계가 캠퍼스입니다. 학생들은 목표 장소를 찾아 거기 가서 배우고 거기서 문제해결 리포트를 작성합니다. 이 책 3부에 나올 화상 사회가 되면 더 유리해지겠죠.

세계적인 융복합 혁신센터인 MIT 미디어랩의 창업자 니콜라스 네그로폰테는 "창조는 기본적으로 비효율적"이라고 했습니다. 가장 효율적인 생명체는 사실 기생충입니다. 창조나 생산을 할 필요가 없이 남이 만든 것에 몰래 빨대만 꽂으면 됩니다. 아주 효율적이죠. 대신 그 대가로 기생충 소리를 듣습니다. 숙주가 죽으면 기생충도 죽습니다. 동물들이 동물원에 있는 것도 꽤 효율적이죠. 그냥 어슬렁 쇼만 하면 먹이, 안전을 다 책임져 주니까요. 그러나 그 삶에 자유와 진화는 없습니다. 영장류가 직립으로 바꾸고 평원으로 나올 때 그의 삶은 무척 위험해졌고 나무에 붙어서 열매를 따 먹는 것보다 훨씬 비효율적이었습니다. 그러나 그 위험을 무릅쓴 결과 생태계의 지배자가 되었습니다.

미래학자 롤프 옌센과 짐 데이토 등이 말하듯이 앞으로가 드림 소사이어티라면 그 사회를 재는 기준은 효창성이 되어야 합니다. 그러려면 습관적으로 되물어야 합니다.

"왜 안 해야 하는데요?"

매와 두꺼비 - 3.0시대의 변화를 읽어야

큰 광고회사에 다니는 제작 본부장이 페북에 올린 글을 보았습니다.

요즘 직원들은 유능한 CD(Creative Director) 팀에 가지 않으려고 합니다. 대신 별로 유능하지 않은 CD 팀에 가려고 하는데 그 팀에 가면 일이 많지 않을 것 같아서라네요. 우리 때와 너무 달라요.

광고회사에서 첫 직장을 시작한 저는 솔직히 놀랐습니다. '누구보다 성취욕이 강한 광고회사에서?' 그 글에 자기네 직장도 그렇다며 동조하는 댓글이 많이 달렸습니다.

직장 3.0시대

한편에서는 취업이 힘들다고 아우성인데 정작 기득권 직장 내부는 양상이 다릅니다. 바깥 상황이 공포스러워 직원들이 죽어라 일할 것 같지만 별로 그렇지 않지요. 경영자들은 "도대체 검색만 하고 자기 머리가 없어", "6시 칼퇴근해서 뭐 하나?", "고작 일 년 일하고 퇴직금 받아 나가는 게 쟤들 유행임?" 하소연합니다. "도대체 당신들은 꿈이 없어?"는 금기어랍니다. 나라는 일자리 걱정인데 인생 2모작 창업자들은 차라리 1인 기업을 택합니다. 젊은 직원들은 요구도 많고 끈기/열정도 없고 키워봐야 훌쩍 떠나기 때문입니다. 제가 봐도 30대 후배들 이직률은 정말 높습니다. 정부가 아무리 일자리 확대 전략을 짜도 직장 문화가 이렇다면 고용 안정과 직장 만족, 생산성 상승은 힘듭니다. 효창성? 그건 좀 더 두고 봐야겠습니다. 직장 문화가 확실히 바뀌고 있습니다. 피터 드러커는 이를 두고 "문화는 전략을 하루 아침거리로 먹어치운다"라고 정리했습니다. 도대체 왜 이럴까요?

제가 나름대로 풀어봤습니다. 하나는 '문화 전략 모델'에 따른 설명입니다. 한 사회가 지속되다 보면 사회적 통념이 고착화합니다. 그러다가 어느 시기에 그 통념이 깨지는 사회적 파괴(인구 감소, 경기침체, 이주민 증가, 기후위기, 앱, 전쟁이나 코로나19 팬데믹 등)가 발생합니다. 그러면 그 파괴에 대응하는 새로운 이념과 신화가 필요해집니다. 더글라스 홀트가 쓴 《컬트가 되라》의 모델을 따른다면 그렇습니다. 1980년대 경기침체로 미국의 아메리칸 드림이 깨지는 사회적 파괴에 대응하면서 나이

키가 '솔로 투혼(Solo 鬪魂)'이란 이념을 제시하고 '저스트 두 잇(JUST DO IT)'의 신화로 비약적 성장을 한 것이 대표적 사례입니다. 지금 한국도 그러한 사회적 파괴의 소용돌이 속에 있는 것 같습니다. 국민소득 3만 달러의 풍요사회가 도래했고 저성장이라 직장 문은 좁아졌고 52시간 근무제 그리고 1990년생이 사회에 진입하면서 직장 공동체가 깨지고 있습니다. 직장인들은 직장의 미래를 불신해 스타트업, 1인 창업을 대안으로 생각합니다. 젊은 직원은 직장에 다니면서도 일보다 버킷리스트가 우선입니다.

지금 한국은 직장 3.0시대를 맞고 있는 것 같다고 했지요?

앞에서 썼던 내용을 다시 추스르자면, 1960년대부터 1997년까지 약 40년이 직장 1.0시대였습니다. 제가 1990년에 입사했으니 저는 1.0시대 끝날 즈음에 입사했네요. 그래서 사회가 우리를 보고 '말도 안 되게' 신인류라고 했나 봅니다. 이 기간 직장인 상(像, Prototype)은 개였습니다. 시키는 대로 일하고 주는 대로 받으면 되었습니다. 폭탄주를 돌리고 "사장님, 사장님, 우리 사장님" 알랑방귀를 뀌고 일주일에 72시간을 열심히 일했습니다.

그러다가 1998년, 초유의 국가 부도를 맞았습니다. 직장 2.0시대는 1998년 국가 부도와 벤처 붐 이후 시작해 중간에 2008년 국제 금융위기를 겪고 2016년 촛불집회까지라고 생각됩니다. 대기업들이 줄줄이 무너졌고 30~40%가 직장에서 잘렸습니다. 종신고용 신화는 무너졌습니다. 대신 닷컴 경제가 열리고 벤처 바람이 불었습니다. 세계화와 신자유주의가 기승을 부리던 시기여서 개인 이익을 중시하던 때이기도 합니다. 그래서 고양이처럼 자기 앞가림은 알아서 해야 했습니다. 제가 KT&G로 옮긴 2002년 무렵에 "개의 시대는 가고 고양이 시대가 온다." 이런 사회 진단도 있었습니다.

직장 3.0시대는 갑질, 미투 고발이 연일 터지고 청년 일자리 지원, 최저임금/52시간 근무제가 시행된 2017년부터가 아닐까 싶습니다. 국민주권과 인권 의식, 청년 문제가 크게 자각되었던 시기입니다. 벤처 유니콘 신화가 크는 만큼 반대로 직장 문은 극도로 좁아진 시대입니다.

직장 3.0시대에 직장 생활을 시작하는 세대는 유별난 특징이 두 가지 있습니다. 하나는 기존 세대와는 달리 이들은 1가정 1~2자녀 출신이라는 겁니다. 과거 자녀들이 한 가정당 5~8명인 시대에야 아이들이 부모 눈에 들려고 치열하게 경쟁했지만 이 세대는 거꾸로 부모들이 자식 눈치를 봐야 합니다. 자식들은 두꺼비처럼 입만 뻐끔거리며 가만히 있어도 부모가 다 알아서 해줍니다. 그런데 아뿔싸! 시대는 하필 저성장 시대라 이 자식들 세대 팔자는 '전(前) 소년 왕자, 후(後) 청년 거지'가 되는 세대죠. 그럼 견디기 힘들죠. 두 번째는 부모들이 단군 이래 최고의 고학력 세대라는 겁니다. 웬만한 학교 선생님들보다 스펙이 더 좋습니다. 그러니 선생님 따위(?)는 존경하지 않습니다. 대신 헬리콥터 부모가 자식들의 안테나가 되어주고 드론이 되어줍니다. 그래서 엄마 찬스, 아빠 찬스 쓸 일이 많습니다. 그런데 사회는 유니콘 신화 아니면 공무원 만세의 양극단으로 나뉘는 시대가 돼버렸습니다. 자식들 눈은 실리콘밸리의 유니콘들만 봅니다.

그런 배경에서 자라 직장에 들어간 이들 세대는 직장에서 매 아니면 두꺼비처럼 살기로 한 것 같습니다. 매처럼 유니콘 꿈을 키우며 현실 위에 높이 뻥(?)치며 날든지 아니면 습기 많은 늪지에서 꿈쩍 않고 있다가 먹이만 보이면 긴 혀를 뻗어 날름 먹어치우는 두꺼비처럼 살든지. 앞에 광고회사 본부장이 말한 직장인들은 아마도 두꺼비 포지션을 선택한 거겠죠. 본질이 두꺼비인 직원을 개로 키우려고 하면 힘들 겁니다. 파리를 자주 주면 됩니다. 매를 고양이로 알고 밥때가 되면 오겠지 했다가는 큰 오산입니다. 매는 적당한 때에 내보내야 합니다.

용역 시대 개막

지금 직장에는 전통적인 개, 고양이는 줄고(대부분 부장 이상) 대신 매, 두꺼비(신입에서 과장까지)는 늘었습니다. '고꺼비(고양이처럼 겉돌다가 파리가 뜨면 날름 잡아먹는)', '매꺼비(매인 줄 알았는데 속은 두꺼비)' 같은 변종도 생겨나는 것 같긴 합니다. 개와 고양이 세대는 자신들에게 익숙했던 직장 1.0, 2.0의 타락(?)에 절망하고 복수심으로 상하 관계에 관심을 끊고, 매는 하숙생처럼 직장을 깔보고 두꺼비는 직장을 해우소처럼 이용합니다. 그러니 전통적인 인재상을 머리에 간직한 경영자들이 당황할 밖에요.

이런 상황에 분노한 경영자는 아무래도 AI 직원이나 용역/대행을 신호할 겁니다. 제가 아는 1인 기업 경영자들 다수가 이미 신규 고용보다는 협업, 파트너 동업을 선호합니다. 기업에서 쏟아져 나오는 인재들 때문에 공급은 넘칩니다. 코로나19 시기엔 더 늘었습니다. 단가도 낮아졌지요. 이런 수요에 부응하는 게 이른바 50+를 단기 파견하는 '탤런트 뱅크', 플랫폼 인력기업들이지요. 이런 상황인데도 깜깜이 정부는 당근도 없이 3.0시대 경영자에게 채용과 고용 유지, 법적 규제를 강화합니다.

이런 시대적 변화에 코로나19까지 겹쳐 이래저래 직장 일자리는 좁아지게 되었습니다. 연일 종합주가지수는 최고치를 끊고 20~30대는 부동산 마련에 영끌을 하는데 정작 직장 내부는? 직장인 3.0시대의 웃기고 슬픈 동물농장이지요. 그래도 경영자들이 "요즘 직장인들 왜 이래?"라고 묻는 것보다는 이런 3.0시대의 변화를 알고 있으면 차츰 해법이 열리겠지요. 매와 두꺼비도 아빠 엄마 찬스 버리고 5년은 좀 참으면서 직장을 이해하기를 바랍니다. 안 그러면 한국 직장은 더 좁아집니다.

가로등 밑의 수인

한 남자가 집으로 가다가 골목길 가로등 밑에서 뭔가를 찾는 아이를 만났다.

"무얼 찾니?"

"500원짜리 동전을 잃어버려 찾는 중인데요."

남자가 아이를 도와 가로등 밑을 찾았지만 동전을 찾을 수 없었다.

"이 가로등 아래서 잃어버린 것 맞니?"

"모르겠어요."

"그런데 왜 가로등 밑에서 찾아?"

"그야 이 아래가 밝으니까 그렇지요."

이 우화에 마냥 웃을 수만은 없을 것 같습니다. 어느 순간은 우리 자신도 그 아이와 같으니까요. 청년들이 대기업 취업에만 목을 매던 얼마 전까지의 상황이나 거꾸로 기성 직장인들이 퇴직하면 마치 죽을 것처럼 생각하는 게 이 가로등 밑의 아이 우화와 다를 게 없었습니다. 개인만이 아니라 역사적으로도 그런 시기가 꽤 있었습니다. 포르투갈 항해 왕자인 엔히크에게서 시작된 것으로 알려진 대항해 시대는 유럽이라는 가로등 밑을 벗어나려는 시도였지만 콜럼버스가 자신이 발견한 땅을 평생 인도라고 믿었던 것이 대표적이지요. 행동경제학에서는 이를 확증 편향이라고 합니다. 아는 것만 믿는. 그런데 세상의 빛에는 가로등만 있는 것은 아닙니다.

달과 가로등

혹시 보름달이 휘영청 밝은 밤에 지상을 비추는 두 개의 불빛, 달과 가로등을 비교해본 적 있나요? 달은 높이 떠서 세상을 비추는 보편적인 등(燈)입니다. 그래서 "달아 노피곰 도다샤 / 어긔야 머리곰 비취오시라" 같은 정읍사의 달 정서가 가능했습니다. 멀리 시장으로 간 남정네를 염려하는 마음이 달에 투사된 것입니다. 달엔 치성을 드리고 이태백을 회상하고 옥토끼와 항아 선녀의 신화도 물론 담겨 있습니다. 그래서 달에 대한 정서는 이타적이고 아름답고 신화적입니다.

그런데 현대 전기 사회로 들어와 달 대신 가로등이 나타났습니다. 달은 우리에게서 멀리 떨어져 있어 당장 우리 머리 2~3미터 위에서 특정 공간을 비추는 가로등만큼은 환하지 않습니다. 또한 달은 흐려서 나타나지 않을 때도 있지만 가로등은 그렇지 않습니다. 항상 곁에 있어줄 연인처럼 인식되죠. 주위는 어두운데 나만 비추니 가로등은 천상 로맨틱하고 개인적인 불빛입니다. 〈삼각지 로터리〉, 〈소녀와 가로등〉, 〈못 잊겠어요〉 등 과거 최고 인기 가수들이 부른 가로등 노래가 그런 정서를 반영합니다. 슬프고 내면 투시형입니다. 전통의 달 타령에서 발산되는 넓은 시야와 흥이 나오질 않습니다.

'가로등 밑의 수인(囚人)' 우화와 같이 놓고 보면, 우리는 점점 보편성으로서의 달을 놓치고 사는 것은 아닌가 생각하게 됩니다. 아마 아이가 찾던 동전은 가로등 불빛 너머에 떨어져 있었을 것입니다. 그런데 아이는 빛 넘어 어둠까지 가지 않습니다. 결국 잃어버린 동전은 찾을 수 없겠지요. 달이었다면 아이는 더 넓게 찾았을 텐데 말이지요. 보편적 믿음을 가지고!

절망과 희망 사이

지금도 저는 가슴에 담은 한 사건이 있습니다. 2004년 5월 동해와 블라디보스토크에서의 3박 5일간 일입니다. 일이 힘들 때마다 저는 그때로 돌아갑니다. '그것도 했는데 이 정도쯤이야' 하는 회복(resilient)의 에너지를 주는 사건입니다. 제가 감히 MCN을 말할 수 있게 만들어준 그 사건! 그것을 왜 했는지, 실상은 어땠는지 이야기를 10여 년이 지난 이제라도 세상에 말할 수 있어 행복합니다. 한국의 해외 이벤트에서 정말 빼놓을 수 없는 사례입니다. 담배회사인 KT&G가 아니라 만일 삼성이나 SK 또는 늘 도전감 충만한 카카오에서 했다면, 이것을 1회가 아니고 매년 했다면 아마도 세계에서 유례없는 K-마케팅이 됐었을 겁니다.

이 이야기는 17년 전으로 돌아갑니다. 2004년은 나라 경제가 어려웠고 중국은 동북공정을 한다고 한국을 핍박하던 때입니다.

그해 5월 10일, '서태지와 상상체험단원' 800명이 속초에서 모여 화물수송선 한 척과 국제유람선 두 척에 나눠 타고 동해를 거쳐 블라디보스토크에 갔습니다. 유람선 두 척은 각각 상상호, 희망호라고 이름을 붙였습니다. 배에는 프로젝트 주인공 서태지 그리고 선상에서 상상 특강을 해줄 명사로 만화가 이현세, 영화 〈태극기 날리며〉로 인기 절정

이던 강제규 감독, 등반대장 허영호 등 셀럽들이 동승했습니다. 총 2만 명이 지원해 최종 선발된 780명을 태우고 가는 '대한민국 호연지기' 캠 페인! 미리 결과를 말하자면 이 프로젝트는 블라디보스토크에 숱한 역 사를 남겼으며 이 프로젝트로 KT&G는 명실상부하게 상상 문화의 아 이콘으로 변신하는 결정적 계기를 마련합니다. 한국 기업의 이벤트사 에 길이 남는 캠페인이었으나 홍보는 제한되었고 실제 과정도 꽤 험난 했습니다. 저 그리고 당시 KT&G 경영진은 도대체 왜 그런 프로젝트 를 추진했던 걸까요?

이 프로젝트를 기획했던 2003년은 2002년 한일 월드컵 효과와 테헤 란 밸리의 IT 광풍이 서서히 가라앉으면서 찾아온 경기침체로 청년 실 업률이 늘었던 때였습니다. 담배 시장 측면에서는 1998년 금융위기를 벗어나면서 애국 소비가 계속 줄고 대신 글로벌 D세대의 등장으로 외 국 브랜드에 대한 선호도가 급증했던 때였습니다. 다국적 담배회사들 은 클럽, 페스티벌, 핵심 유흥가 트렌드 세터들을 집중 공략하면서 큰 성과를 내고 있었습니다. 그들의 BTL(Below the Line. TV, 라디오, 신문, 잡 지 등 전통적인 매체가 아닌 이벤트 프로모션 등을 지칭) 마케팅은 이미 해외에 서 수십 년 동안 위력이 검증된 것들이었습니다.

반면 과거 전매청이었던 KT&G는 올드, 로컬 공기업 이미지가 강했 습니다. 오랜 기간 독점의 단맛에 빠졌던 직원들은 '상대는 글로벌 강 자야. IMF 때 변신했어야 하는데… 너무 늦었어'라는 패배감에 빠져 있었지요. 그래서 브랜드 경영도 선포하고 마케팅 본부도 만들었지만 성과는 그다지 없었습니다. 반면 경쟁사는 날아다녔지요. 답답했습니다. 2002년 말, 이런 소용돌이 속에서 회사는 민영화를 선포하고 그걸 알리기 위해 '대한민국 상상을 응원합니다'라는 TV 광고를 시작했습니다. 청와대 출신 홍보실장의 엉뚱한 시도였지요. 왜 KT&G가 상상을 말하는지 근거도 목적성도 없었습니다. 거의 150억 원을 쏟아부었습니다. 그런데 상상이라는 키워드는 제시했지만, 핵심은 응원인데 도대체 상상을 어떻게 응원하겠다는 실체와 비전이 없었습니다. 시장 점유율은 계속 추락했습니다. 매월 0.5%씩 추락… 추락. 그런데 추락하는 것은 날개가 있다니 바닥까지 추락하면 반드시 한 번은 반등의 날갯짓을 하지 않겠습니까?

회사 문제의 핵심은 개별 브랜드 이전에 낡은, 구린 로컬, 아저씨 같은… 회사 이미지였습니다. 그런데 광고에서 상상을 말했잖아요? 네이버를 검색하니 그 광고를 본 네티즌들은 "상상을 어떻게 지원하겠다는 거냐?"를 호기심 반 조롱 반 묻고 있었습니다. 맞는 말이지요. 그런데 당장 대안이 없었습니다. 경영층은 "전문가라고 불러왔는데 뭐 하는 거요?" 재촉하지만 전문가가 신은 아니잖아요. 그리고 상상은 마케팅실에서 제안한 것도 아닙니다. 그래도 나 몰라라 할 수도 없었습니다. 요령인데, 이럴 때는 참으면서 적벽대전 같은 바람이 불길 기다려야 합니다.

2003년 9월의 어느 날, 서태지가 컴백한다는 소식을 제일기획 후배가 알려왔습니다. '서태지!' 머리에 불이 번쩍했습니다. 1990년대를 강타한 문화 혁신의 영웅, 그 정도면 폭풍입니다. 당장 달려갔습니다. 사연은 많고 방향도 다양했지만 결국 좁히고 좁혀서 태동한 기획이 2004년 5월의 '서태지와 상상체험단' 프로젝트였습니다. 당시 예산 40억, 한국 최대의 원정 이벤트.

그 프로젝트에 대해서 사람들은 두 유형의 반응을 보였습니다. 하나는 프로젝트가 공기업이 하기에는 너무 무모했다는 것이고, 두 번째는 좀 실질적인 것인데 40억 원 가까이 드는 무모한 기획을 '어떻게' 결재받았느냐는 겁니다. 저는 "지금 위기의 진원지는 20~30대들인데 그들이 회사를 '아저씨, 꼰대, 낡은… 로컬' 기업으로 인식한다. 그 인식은 무섭도록 두껍다. 그래서 파격적으로 바꿔야 한다"고 설득했습니다. 이 정도는 경영진도 동의하는 논리였습니다. 그래도 이 프로젝트는 너무 세다는 반응이 있었는데 그런 경영진에게 저는 '해머와 정'의 논리로 설득했습니다. "꽝꽝 언 얼음을 깨려면 팔은 울리고 파편은 튀더라도 해머로 세게 쳐야" 하고 "그것도 세 번을 연거푸 쳐야 세상이 반응합니다"라고. 그렇게 네 차례 경영자 회의를 통해 경영진 결재를 받았습니다. 지금도 저는 그 통 큰 결재를 해준 경영진들을 존경합니다. 누군가 그러더군요. 제가 조직의 논리를 모르는 바보이며 언젠가 칼 맞을거라고.

조직에선 비보, 저는 왜 그런 미친 짓을 했을까요? 앞에 말한 시장 논리는 빼고 개인적인 이유가 있습니다.

저는 대학교에 입학한 1983년, 공부보다는 신림동 막걸리 집에서 타는 목마름으로 "♫ 나 태어난 이 강산에 투사가 되어…"를 부르는 시간이 훨씬 많았습니다. 그 시간에 유럽, 미국의 대학생들은 정보사회를 준비하고 있었고 영리한 학생들은 고시와 토익 공부를 하고 있었지만 어쩔 수 없었습니다. 언더서클에서 붉은 역사와 이데올로기를 공부하고 데모, 언더와 농활(農活), 야활(야간학교에서 노동자를 가르치는 활동)을 했습니다. 역사와 철학에 박식하고 젖은 수건을 입에 막고 속칭 '지랄탄(다연발 최루탄)'을 뒤집어쓰면서도 무섭게 전진하는 선배들, 친구들을 보면 존경했습니다. 그런데 늘 당대의 운동은 허위와 음모가 있고 밥 짓는 놈, 밥 먹는 놈, 설거지하는 놈은 따로 있는 법인데 '나는 혹시 불쏘시개로 쓰이는 건 아닌가?', '현재 내가 세상을 바꿀 힘이 있나?' 회의가 들었습니다. 고민하다가 찾은 답이 현재는 힘없는 학생일 뿐이므로 미래에 힘있을 때 사회를 위하자는 것이었습니다. 비겁자들이 주로 하는 핑계!

그랬던 제가 졸업하고 들어간 곳이 하필 삼성하고도 광고회사였습니다. 자본주의의 첨병이라는 광고를 만드는 회사. 삼성은 싫었으나 당시 막 개화하던 광고 산업은 궁금했습니다. 그런데 광고는 재미는 있어도 세상을 바꿀 힘은 없었기에 학생 때 약속 따위는 다 잊었습니다. 세상은 달과 6펜스의 현실일 뿐. 승진, 결혼, 아이들이 세상에 태어났습니다. 중간에 뼈아픈 교통사고도 겪었습니다. 슬럼프를 이기려 주식놀이와 골프 게임에도 빠졌습니다. 점점 광고와 을(乙)이 싫어졌습니다. 그러다가 직장 때려치우고 무작정 해외여행을 1년 다녀온 선배 권유로 연매출 수조 원에 직원이 5,000명, 역사가 100년이 넘는 공기업인 KT&G(당시는 담배인삼공사)에 마케팅 기획부장으로 옮겼습니다. 그때 제 나이 39세. 그 자리는 마케팅 본부 12명 부장 중에 최고 수석으로 1,400억대 마케팅 예산과 기획이라는 권한이 있었습니다. 그러자 대학생 때 했던 비밀약속이 유령처럼 "나, 잊지 않았지?" 저의 어깨를 쳤습니다.

상상체험단 프로젝트의 시작

그 프로젝트는 뼈대만 말하면 서태지와 800명의 상상체험단을 유람선 두 대에 분승한 후 속초항을 출발, 동해를 거쳐 블라디보스토크로 갔다가 디나모 스타디움에서 서태지 공연을 하고 오는 총 3박 5일의 원정 이벤트였습니다. 역할은 명확히 구분됐습니다. 블라디보스토크 공연은 서태지 컴퍼니와 공연기획사, 나머지는 KT&G 몫이었습니다. 원래는 반지 원정대처럼 '원정체험단'이었는데 '동양의 조그만 나라가 세계 최대 국가를 원정하다니?'라는 러시아 쪽 정서를 감안해서 '상상체험단'으로 이름을 바꿨습니다. 서태지와 아이들은 1990년대 혜성처럼 등장해 〈발해를 꿈꾸며〉, 〈교실 이데아〉 등으로 그들이 단순 대중가수 이상의 혁신 아이콘임을 드러냈으니 회사가 추구하는 해머급 혁신 욕망에 딱 맞았습니다.

블라디보스토크 이벤트 광고가 나가자 회사 홈피에는 시작부터 대학생과 젊은 직장인들의 흥분과 희망이 넘쳐 들었습니다. "기획자님은 이것이 제 인생에 가뭄의 단비임을 알까요?", "유럽도 아니고 한국에서 이런 기획을. 꿈만 같다", "서태지, 와! 사표 내고 갑니다"라는 글들이 올라왔습니다. 100년 역사를 가진 회사에 아마 처음이었을 겁니다. 제 가슴은 흥분과 사명감으로 불타올랐습니다.

그런데 프로젝트 준비 중에 불길한 사고가 터졌습니다. 원래 계약한 중국 국제유람선 자옥란호 두 대 중 한 대는 상상호, 다른 한 대는 희망호라고 이름을 붙였는데 희망호가 중국 회사 사정으로 갑자기 못 온다는 대행사 통보를 받았던 겁니다(후에 그것은 2차 대행사의 자금 유용으로 인한 사고로 밝혀짐). 날벼락! 사실 저는 2001년 9·11 테러 이후에 탈레반이 친미 동북아시아 국가에서 테러가 일어날 수 있다고 경고한 것 때문에 은근 끙끙거리고 있었는데 생각지도 않았던 데서 일이 터진 겁니다. 지금이야 "크루즈를 빌리지" 하겠지만 당시 한국에는 크루즈가 없었습니다. 청와대, 외교부, 국정원 그리고 러시아 총영사, 연해주 지사까지 인지하고 있는 국제 이벤트라 B급 국제선이라도 계약해 출항할 수밖에 없었습니다. 그 배는 부산에서 블라디보스토크를 오가는 국제선인데 새롭게 리모델링해서 탈의실과 세면실을 개조했지만 멋진 풀장, 레스토랑이 있는 국제유람선 탄다고 희망에 부풀었을 체험단원에게는 턱도 없었습니다. 상상호는 애초 제시된 1급 국제유람선이고 희망호는 그렇지 않으니 이 불평등에 더 화가 날 것입니다. 그런데 그들은 핸드폰을 가진 1인 리포터들입니다. '만일 380명이 이상한 사진을 찍어 올리면… 으!'

속초 한화 리조트에 800명이 집결했을 때부터 분위기가 심상찮았습니다. 전체 모인 자리에서 사회자의 재치(?) 있는 해명으로 일부만 돌아가고 대부분은 전부 승선을 했습니다. 저는 현지 VIP 리셉션 때문에 상상호를 타고 앞에서 가는데 두 시간도 안 돼 뒤 희망호 책임자였던 뚱쓰(일이 안 되면 중국 무협영화 대사처럼 "큰바람 불어와… 뚱쓰. 허허" 하며 털어버리는 과장) 과장에게서 긴급 타전이 왔습니다. 애사심이 강하고 아이디어가 많고 꿈을 꾸는 미래의 MCN 과장입니다. 희망호에서 결국 불만들이 터져 나왔고 단원 중 일부가 공해상으로 나가기 전(공해상에서는 통신이 안 됨) 3등 칸 내부를 찍어 육지에 보냈다는 겁니다. '결국… 으.' 그러나 공해상 배에서 제가 할 수 있는 것은 별로 없었습니다. 간신히 대행사 본부장과 인공위성 통신으로 통화(5분도 안 되는 짧은 통신인데도 통신비 15만 원)해서 급히 현지 호텔을 잡아 입항하는 대로 옮기기를 희망하는 단원들을 투숙시키라고 했습니다.

블라디보스토크 호텔에서 VIP 리셉션과 TV 인터뷰 몇 개 하고는 부리나케 방에 들어가 컴퓨터를 켜니 본사 조사부장 메일이 올라와 있었습니다. "상황이 심각하니 어떻게든 조치를 하라"는 내용이었습니다. 회사 홈피를 들어가니 단원들의 문자를 본 육지 지인들이 탈의실, 세면

실이 부실해 씻지도 못한다는 성토부터 배를 거의 난파선(?)으로 묘사하고 있었습니다. 진보 성향의 두 신문이 비난 기사를 올렸습니다. '시작부터 끝장이군.' 낯선 이국에서 정신이 아득했지만 긴급히 대행사에 연락해 블라디보스토크 일급 호텔에 단원들 투숙을 확인했습니다. 70여 명이 투숙을 완료했고 온수로 샤워 중이라고 답이 왔습니다. 사과의 원칙에 따라 바로 공지를 올렸습니다. "여기는 블라디보스토크 현지, 총책임자인 제가 알려드립니다… 호텔 숙박… 샤워 중." 공지가 올라가자 거짓말같이 항의 메일은 멈췄습니다. 그러나 이건 절망의 서곡에 지나지 않았습니다.

이 프로젝트는 서태지의 첫 해외 라이브 공연 그리고 체험단원의 호연지기 체험, 이 두 개가 키포인트였습니다. 사전에 여러 차례 현지답사를 했지만 막상 뚜껑이 열린 2004년 그때 블라디보스토크는 생각보다 사회 인프라가 열악한 땅이었습니다. 러시아 경찰이 모스크바에서 온 현지 책임자에게 권총을 들이대고, 자금(뇌물)이 부족해서 기관협조가 안 된다는 급보는 터지고, 무전기는 부족하고, 호텔로 가지 않은 단원들 수십 명이 해명을 듣겠다며 배에서 이탈해 VIP와 기자들이 묵고 있는 시내 호텔까지 행진해오는 등… 사건은 끝도 없고, 거기에다 10여 명 기자들과 회사 중역들 의전에 저는 하루 한 끼도 먹기 힘든 상황이었습니다. 기자들은 희망호 문제로 의외의 한 건을 잡았다는 눈빛이었지요. 기자들에게 기업은 씹을수록 맛있는 오징어 같은 거니까요. 저는 항구에 정박한 희망호가 폭약으로 보이는 환영에 시달렸습니다.

'380개 핸드폰과 대학생 비디오 팀 영상 카메라가 돌아가고 있겠지….
귀항해서 이게 일시에 터지면? 무조건 사표군….' 그러나 현지 프로그
램은 초침처럼 똑딱똑딱 돌아가서 어떻게 할 수가 없었습니다. 무엇보
다 중요한 것은 일단 공연이었습니다. 그거 하러 온 거니까요. '그게 망
하면 희망은 없어.'

성공적으로 끝난 공연

공연은 잘 끝났습니다. 아주 잘. 블라디보스토크를 발칵 뒤집어놓을
정도로. 그리고 그 시간부터 속초항으로 돌아오는 배 안에서 있었던 무
박 2일간(최소한 저에게는) 있었던 수많은 사건과 반전 스토리는 너무 길
어 생략하고 속초항에 도착하기 전 이야기를 들려드리겠습니다. 혹시
독자분들 중에 더 듣고 싶은 분은 인연이 되면 밤새도록 들려드리겠습
니다.

2004년 5월 14일. 속초항 도착을 남겨두고 마지막 점심시간. 로비
복도에서 식당까지 긴 줄이 늘어섰습니다. 전국에서 온 단원들이라 곧
하선하면 집으로 먼 길을 가야 합니다. 전날 많은 오해가 풀리고 서로
이해하는 경험을 해서인지 희망호 분위기는 어느덧 대반전입니다. 재
잘재잘, 와, 우와, 깔깔 호호… 맘이 놓이기는 했지만 그런데 이때가
중요한 시간입니다. 나중에 공부한 거지만, 행동경제학 이론 중에 대
니얼 카너먼과 아모스 트버스키가 발견한 '피크 엔드 효과(Peak-End Ef-

fect)'라는 것이 있습니다. 사람들은 어떤 일을 겪을 때 중간에 제일 고무되었던 때와 제일 마지막 순간을 기억한다는 겁니다. 서태지 공연이 피크였다면 여정의 끝인 이 순간이 엔드입니다. 여기서 우리가 왜 이 프로젝트를 했고 단원들은 왜 참가했는지를 이야기해야 합니다.

제가 로비 안내방송실에서 원고 없는 방송을 했습니다. 시작은 블라디보스토크 총영사님이 꼭 전해달라고 했던 말씀을 전했습니다.

"여러분이 무슨 일을 했는지 지금은 모를 겁니다. 북한의 〈아리랑〉과 한복만 알던 블라디보스토크 시민들에게 한국 록과 우정을 보여주었고 (중략) 먼 훗날 아들과 딸들에게 '우리는 그때 영하 25도 거리에서 고려인, 러시아아이들과 얼싸안고 춤을 추었어'라는 말을 전해주십시오. 한국 외교부와 블라디보스토크는 당신들을 오래 기억할 것입니다. 여러분이 자랑스럽습니다."

마지막으로 저는 "앞의 상상호는 사치를, 여러분은 고통을 경험했다"면서 여러분을 잊지 않겠다고 했습니다. 환호와 박수 소리가 터져 나왔습니다. 다 뜨거운 젊음들이니까요. 그들도 학교, 직장을 던지고 온 정말 소중한 시간들이었으니까 서로 위로를 받아야 합니다. 그때 30대 후반 여성이 줄을 헤집고 방송실 아래로 달려오더니 "부장님, 제 남편이 부산 본부 ○○인데요, 저 이틀간 방 애들한테 욕 억수 먹었어요. 여기 온 걸 얼마나 후회했는데예. 그런데 어제 그 전체 회의 끝나고 나서부터는 애들이 왕언니, 왕언니 하면서 음료도 사오고 '남편이 멋진 회사 다닌다', '자기도 이런 회사 다니고 싶다'고 아양을 떨어요. 부장님, 저 돌아가면 억수 자랑할 거라예. 멋진 추억을 주신 것 절대 잊지 않을게요" 하고는 연신 인사하며 돌아갔습니다. 울컥-.

　지척에 속초항이 보였습니다. (저도 모르게 배에 탔던) 외교부 여직원분이 슬며시 제게로 왔습니다. 잠시 속초항을 같은 시점으로 바라보더니 "돌아가서 잘 보고하겠습니다. 저로서는 이 회사 잊지 못할 겁니다. 기업이 이런 일을 할 수 있다니! 정말 수고하셨습니다" 하고는 그림자처럼 사라졌습니다. 속초항에 도착. 서태지가 먼저 내렸습니다. 디나모 스타디움 영웅에게 보내는 우레 같은 박수와 환호. 제가 두 번째로 내렸습니다. 박수와 환호. 서태지 때와 다른 것은 그들이 말을 걸어왔다는 점. "행복했습니다", "부장님, 내년에 한 번 더 해요", "이것보다 더 고물 배라도 절대 속 안 썩일게요, 네?"

　먼저 와서 기다리던 뚱쓰 과장이 그 장면을 보고는 맥없이 "배에서 무슨 일 있었어요?" 물었습니다. 기다리는 동안 마음이 더 불안하고 스산했을 것입니다. 자존심이 강한 사람인데! 제가 간단히 설명하자 못 들은 듯이 돌아서면서 "자, 사표 쓰러 가시죠. 큰바람 불어와⋯ 뚱쓰. 허허."

천 개의 고원

이상이 2004년 5월, 속초, 블라디보스토크, 동해에서 벌어진 3박 5일 이야기입니다. 저는 사실 이 프로젝트를 시작으로 세 방을 연거푸 터트려야 회사가 바뀐다고 믿었습니다. 세 방을 연달아서 해머로 쳐야 시멘트 같은 대중들의 인식이 바뀌는 법이니까요. 아무에게도 말하지 않는 제 후속 기획은 '이 프로젝트가 성공하면 다음 해에는 터키 도시에 가수 보아, 또 다음 해에는 스페인 그라나다에 동방신기, 그리고 다음에는 황사의 근원지 네이멍구에…, 쾅 쾅 쾅 프로젝트를!' 하는 것이었습니다. 제 그런 생각만으로도 누군가는 꽤 욕할 겁니다.

다음은 평범한 직장인 부장 친구와 제가 나눈 가상의 대화입니다. 가상입니다.

"미친놈. 너 직장인 맞아?"

"레드불이 6년 준비해서 지상 37km에서 자유낙하한 스트라토스 프로젝트보다 미쳤을까? 우리 경쟁사는 유럽 F1에 수백억을 협찬하고 유명 뮤지션들과 세계를 도는 공연을 한다고. 해보면 별거 아닐 거야."

"미친놈, 그런데 왜 하필 그런 도시들이지?"

"그 도시들은 문명이 만나는 접점도시들이야. 나는 애국 대신 문명 통합이라는 지구적 메시지를 회사가 던지기를 바랐지. 마침 서태지가 만든 슬로건이 'Cross the Limit, Deliver the Great Sound'야. 딱이지. 이젠 꿈이거늘… 백 년 뒤에 또 누군가 하겠지. 어허— 큰바람 불어와,

뚱스! 뚱스."

"미친놈. 미친—놈."

비겁자에 평범한 직장인이었던 제 어디에 그런 기질과 지향이 있었던 건지 사실 저도 궁금합니다. 프로젝트를 하고 나서 저는 문득 깨달았습니다.

'나도 나를 모르는데… 이 세상은 우리가 보는 것이 다가 아니겠구나. 미친 직장인들이 올라가기를 꿈꿨던 천 개의 고원이 있을 수도 있겠구나!'

그런 깨달음이 10년도 더 지난 그 프로젝트를 이 책에 올린 이유입니다. 그것은 아직도 현재형, 미완의 꿈입니다. 이제는 훨씬 더 거인이 된 한국 기업들이 1,000개의 고원을 꿈꿀 수 있을 테고 그들 어깨는 자리가 비어 있습니다. 한국 기업들 광고비가 연 11조 원. 그중 5%인 연 5,000억 원만 써도 매년 100개의 고원은 가능합니다. 그런데 워낙 혼나서인지 요따위 생각도 듭니다.

'그 프로젝트가 2004년이 아니라 2014년이었다면 SNS 때문에 배가 뜨기도 전에 박살 났을걸. 너 운이 좋았던 거야. 크크.'

참, 저와 뚱쓰 과장은 그때 회사로 돌아가서 죽었을까요?

돌아온 평가와 평판

프로젝트를 물심으로 도와주셨던 사장님에게는 매우 혼났습니다. 회사 반응도 당시는 묘지처럼 차가웠습니다. 회사를 위기에 처하게 했으니 그럴 만도 하지요. 저는 사실 조직에서 반(半) 죽었습니다. 그런데 외부 반응은 꽤 달랐습니다. 주요 언론사들은 일제히 이 프로젝트의 의미('기업과 예술의 행복한 만남')와 서태지 컴백 대성공을 알리는 전면기사를 쏟아냈고 공중파 방송국도 수차례나 공연 특집 방송을 내보냈습니다. 회사 홈피엔 일주일 동안 감사 메일이 쇄도했고 10만 명 회원인 서태지 사이트도 이벤트 후기로 뜨거웠습니다. 배에서 저한테 삿대질한 두 여성에 대한 비난이 들끓었고 팬클럽 대표 둘이 회사를 찾아와서 사장님하고 저한테 떡, 과일 바구니하고 꽃과 감사 편지를 전하고 갔습니다. 연해주 지사, 블라디보스토크 시장 감사패도 줄줄이 왔고(그건 제가 보관 중) 서태지를 내년에도 블라디보스토크에 초대하자는 서명운동이 일고 있다는 현지 기사도 왔습니다. 제게 호통은 쳤지만 그 후엔 사장님과 전무님 그리고 서태지가 만찬도 같이 했지요. 서태지는 원래 그런 의전 안 하는 걸로 유명한데 본인도 좋았던 모양입니다.

한 달 뒤에 고려인들 요청으로 지신허 마을에 프로젝트 기념 비석을 세웠는데, 지신허는 한인이 러시아에 최초로 이주한 마을입니다. 블라디보스토크에서 남서쪽 차로 세 시간 달리면 나옵니다. 가도 가도 초원과 야트막한 구릉인데 가는 길에 안중근 의사 혈맹 단지에 들렀습니다. 헉, 개똥하고 깨진 술병, 오줌 냄새가 지렸습니다. 슬프고 분했습니다.

이제는 폐허가 된 그 마을 지신허에 세운 비석에는 'Cross the Limit, Deliver the Great Sound−대한민국 음악인 서태지'라는 글을 새겼습니다. 저는 회사 비석을 세우고 싶었지만 사장님한테 혼난(?) 터라 아깝지만 서태지 기획사한테 양보했습니다. 그 자리에 참가한 100여 명 고려인들이 러시아에서 한국어를 배우는 러시아 대학생들과 합동으로 〈아리랑〉 노래와 춤을 추면서 "서태지 감사합니다", "KT&G 감사합니다" 하며 연신 절하던 장면이 지금도 선합니다. 사실은 지금도 울컥− 울컥− 합니다. 고려인 여성들은 유관순 누나 복장이더군요. 당시 블라디보스토크 시민은 80만 명이고 8만 명이 고려인이었는데 그분들은 디나모 스타디움 공연에 자신들을 초대하지 말라고 부탁했던 일이 기억납니다. 한 명이라도 더 러시아인들이 봐야 자신들에 대한 인식이 달라진다고! 고려인들 맺힌 한(恨)이 느껴져서 절로 눈물이 났습니다.

6개월 뒤, 강남역 호프집에서 프로젝트 애프터를 했습니다. 프로젝트 전말을 담은 소책자와 CD를 각각 5,000부, 5,000장 제작했는데 그걸 나눠주면서 회포를 풀려고 한 겁니다. 그런데 희한한 건, 제대로 된 배에 탔던 상상호 단원은 단 한 명만 오고 나머지 100여 명이 희망호 단원들이었습니다. "고통이 그대들을 하나로 하리니"가 맞나 봅니다. 회사는 그해에 한국 마케팅학회의 '프런티어 기업' 상을 받았습니다. 죄악세(sin tax)를 내는 담배 회사가 말이죠! 용평에서 K대 교수가 "믿기 어려운 일을 한 회사"라며 사례 발표를 했습니다. 다음 해에 서태지 기획사는 2004년 공연을 복제한 미니어처 한정판을 냈습니다.

3년 뒤인 2007년에 제가 이상봉 패션쇼와 신제품 론칭을 준비하기 위해서 모스크바 답사를 갔었습니다. 안내를 맡았던 모스크바 대학원 여자 유학생이 우리가 한국 기업인이라니까 묻지도 않았는데 2004년 그 프로젝트를 먼저 꺼냈습니다.

"그 공연을 시작으로 한-러 수교를 기념하는 러시아 전역 릴레이 행사가 이어졌어요. 그 이벤트, 저는 라디오로 들었는데 그걸 기획한 KT&G 너무 멋져요. 기업에서 그런걸!"

그냥 듣고 말 것을… 동승한 직원이 우리가 그 회사에서 왔고 여기 이분이 그 기획자라고 했습니다. 그녀가 우리를 어떻게 대했을지는 여러분 상상에 맡기겠습니다. 2018년 시베리아 횡단 여행차 블라디보스토크에 들른 지인에 따르면 발해 박물관에 서태지 공연 내용이 보존되어 있답니다. 한 여행자 블로그를 보니 지신허 마을 터에 서태지 비석이 있다고도 하고요.

평범한 이들은 그 프로젝트를 해서 회사에 무슨 실익을 줬냐 궁금할 텐데… 그 프로젝트 후에 회사는 상상을 공간과 커뮤니티 사업으로 옮기는 일을 꾸준히 했습니다. 온라인 상상마당, 홍대 앞 상상마당, 논산, 춘천, 부산… 상상, 상상. 거기에 대학생들에게 제공하는 '상상 유니브' 커뮤니티와 최근엔 성수동 핫플레이스에 소셜 벤처기업들을 위한 '상상 플래닛'을 세웠습니다. 네이버 검색창에 상상을 치면 아마도 KT&G가 먼저 나올 겁니다. 한 단어를 선점했다는 것! 돈으로 계산할 수 없는 대단한 자산이지요. 우수 신입사원도 많이 들어왔고 현대카드와 함께 대한민국 문화마케팅의 양대 거인이라는 평을 받으며, 최근에 들으니 시장 점유율도 64%로 늘었고 경쟁사인 말보로와는 제휴해서 해외 공동마케팅도 한다고 합니다. 전에 들은 이야기인데 말보로 회사 한국 대표가 한국을 떠나면서 이런 얘기를 했다고 합니다. "우리 회사가 전 세계를 상대로 해서 이겼는데 한국처럼 상상을 들고 나오는 황당한 경우는 처음"이라고요. 프로젝트를 기획하던 2003년에는 이런 일이 있을 것이라고는 꿈도 못 꿨지요.

제가 좋아하는 배우 브루스 윌리스는 원래 블루스 가수였는데 그의 앨범 재킷에 "만약 그것으로 인해 죽지만 않는다면 단지 그것은 너를 더 강하게 만들 뿐이다"라는 문구가 있다고 합니다. KT&G는 저를 강하게 해줬습니다. 그리고 그때 나타나 내 어깨를 쳤던 약속 유령도요. 저는 그 후 10년을 더 다녔고 지금도 마음에는 1,000개의 고원에 오르는 그 프로젝트를 이어가는 중입니다. 이제는 개별 회사보다는 지구에 관심이 많습니다. 뚱스 과장도 잘 다니고 있습니다. '큰 상상 이루도다. 뚱스. 뚱스.'

뒤에 남아 상상을 이루어가는 KT&G 후배들에게 다음의 시를 바치면서 이 장을 끝냅니다. 제가 두 번째 프로젝트 대상지로 생각했던 디키의 시인 나짐 히크메트의 시 〈진정한 여행〉입니다.

가장 훌륭한 시는 아직 써지지 않았다.
가장 아름다운 노래는 아직 불러지지 않았다.
최고의 날은 아직 살아지지 않은 날들
가장 넓은 바다는 아직 항해되지 않았고
가장 먼 여행은 아직 끝나지 않았다.
불멸의 춤은 아직 추어지지 않았으며
가장 빛나는 별은 아직 발견되지 않는 별
무엇을 해야 할지 더 이상 알 수 없을 때
그때 비로소 진정한 무엇인가를 할 수 있다.
어느 길로 가야 할지 더 이상 알 수 없을 때
그때가 비로소 진정한 여행의 시작이다.

3부

미래를
만져보실래요

ESG, 서울혁신파크와 지구 MCN들, 화상(Ontact) 사회와 메타버스, 비 미니멀(Be minimal), 지구특별시와 서울시 공무원 그리고 뉴 커뮤니티에서 우리가 만들 미래를 직감합니다. 우리가 미래를 만들면, 그 미래가 우리를 다시 만들어줄 것입니다.

이 세계의 ESG

2020년부터 TV 광고 중에 눈에 띄는 것들이 보입니다. 이전에는 못 보던 것들입니다. 골목의 비닐, 플라스틱들이 도시를 날아 한 가정의 커튼이 되는 감동을 그린 '플라스틱 커튼' 편 이케아 광고가 참신합니다. 그리고 약간의 유머를 담은 그랜저의 '용기 맨' 광고도 눈여겨볼 만합니다. 여기서 용기는 브래비티(Bravity)가 아닙니다. 재활용이나 리필을 위해 빈 용기를 들고 가는 어떤 대기업 부장의 용기(勇氣)를 말하는 겁니다. 이거 생각보다 쉽지 않습니다. 지구를 생각하자는 아디다스 매장 이미지 변신도 눈에 띕니다. "이 재킷 사지 마세요(Don't buy this Jacket)"를 그 비싼 뉴욕 스퀘어가든에 광고했던 파타고니아는 이젠 전설이지요. 이들이 바로 ESG를 실천하는 기업들입니다.

시간이 없으므로

ESG는 환경(Environment), 사회적 가치(Social), 지배구조(Governance)의 약자로 10여 년 전에 나온 개념이지만 지금 기업들이 새롭게 주목하고 투자하는 분야입니다. 혹시 이 단어가 기억이 안 되면 '이세계'로 기억하면 좋을 듯합니다. 그럼, 각 글자 이니셜인 E(이), S(세), G(계)가 바로 떠오를 겁니다. ESG 목적도 사실 이 세계를 향하고 이 세계를 위한 겁니다. MSG는 맛세계 정도로 기억하시고요.

ESG를 부연 설명하자면 환경은 지구의 기후 위기와 탄소 절감 활동과 관련된 것입니다. 한국에서는 유한킴벌리의 '우리 강산 푸르게 푸르게' 캠페인이 떠오르지요? S는 복지, 소외자 지원, 사회적 좋은 습관 만들기, 대안교육, 스타트업 지원, 문화 후원 등 사회적 가치를 돕는 활동을 말합니다. 한국에서는 (희한하게도) 담배 회사 KT&G가 이걸 잘하고 있습니다. 제가 나온 회사라서 홍보해준다고 오해하지 마십시오. 정말 꾸준히 하고 있습니다. 최근에는 성수동에 소셜 창업을 지원하는 8층짜리 상상 플래닛도 새로 지어서 운영 중입니다. 지배구조는 그 조직이 얼마나 투명하며 의사결정 체계가 공정하고 민주적으로 잘 운영되는지를 보는 겁니다. 사실 한국은 앞에 두 개를 하는 곳은 늘고 있지만, 뒤의 지배구조는 아직 요원해 보입니다. 한국 오너들이 벌써 몇 명이나 감옥에 들어갔는가와 협력사/직장 내 갑질, 성희롱이 얼마나 많은가 보면 금세 알 수 있습니다. 미국은 스타트업에서 시작해서 유니콘이 된 곳이 많고 또한 언론과 압력단체의 감시가 활발하지만 한국은 네이버,

카카오, 쿠팡, 토스, 배달의민족 등 신흥 아이콘 기업을 빼면 그렇지 않지요.

ESG는 프로테스탄트 윤리를 지켜온 와스프(WASP) 출신의 미국 기업가들이 오랫동안 해온 사회공헌(CSR), 마이클 포터가 주창한 CSV(Creating Shared Value, 공유가치 창출)와 비슷한 거라고 착각하기 쉬운데 실상은 좀 다릅니다. 앞의 두 개가 기업 활동과 마케팅 관점에서 쓰였던 용어라면 ESG는 투자 관점에서 많이 쓰는 용어입니다. 세계 최대 자금운용사인 블랙록(BlackRock)은 투자를 결정할 때 이 ESG 지수를 보고 평가한다고 광을 팔지요. ESG 지수가 높은 기업이 평균 42% 성장을 더 했다는 보고가 계속 나오고 있습니다.

유럽은 일반 시민이나 상점 차원에서도 1회용, 비닐과 플라스틱 등을 쓰면 안 됩니다. 거기 여행 가서 그러면 야만인 취급 받습니다. 그렇다고 그들을 너무 존경하거나 무조건 따라 하지는 마십시오. 그들은 400년 이상 지구를 식민지로 만들어 약탈하고 원주민을 노예로 부리고 환경을 파괴한 원죄가 있으니까요. 자연에 대한 그들의 철학적 관점은 착취와 지배의 대상이었습니다.

'문화' 뜻만 봐도 그 뿌리가 나옵니다. 그들의 문화는 컬처(Culture, 개간)인 반면 한자 문화권은 문화(文化)입니다. 글이나 무늬로 표현한다는 뜻이죠. 그들이 자연을 개간하고 화약과 대포를 만드는 동안 한자권 사람들은 에헴, 금석학 하고 세한도 글이나 썼다는 얘깁니다. 그러니까 유럽은 대항해 시대를 열고 신대륙을 찾고 원주민들에게 신과 세균과 아편을 전해주고 대신 황금, 은, 향료, 담배, 커피, 사탕수수를 개간하게 해서 약탈해 갑니다. 제러미 리프킨이 쓴《육식의 종말》대상도 다 유럽인입니다. 그러니 그들은 지금이라도 그렇게 해야 합니다.

잠깐 말 길이 샜습니다. 그들 과거가 그랬다는 겁니다. 한국 얘기를 합시다. 한국을 보면 통신 텔레콤과 반도체 하이닉스로 잘나가는 SK는 ESG 분야에서 단연 선구적인 기업입니다. 회장 이슈로 한동안 잡음이 많았던 그 회사는 오히려 회장이 "사회적 가치를 거래하는 그룹으로 다시 나겠다"라고 천명했고 실제로 회장의 여동생이 운영하는 SK 행복나눔재단을 통해서 사회적 가치 제고 노력을 꾸준히 기울여왔습니다. 저도 서울혁신센터장을 하면서 그들 임원도 만나봤고 환경을 생각하는 청년창업을 지원하는 업무협약도 체결했습니다. 서울대, 한양대 등 여러 대학교 교수들을 통해서 SK에 대한 그들의 신뢰를 확인한 바도 있습니다. 그 회사는 또한 ESG 담당 실장을 따로 영입할 정도로 적극적입니다.

이렇게 크지는 않아도 요즘 MZ세대들에게 주목받는 당근마켓, 알맹상점, 알라딘 중고서점, 비건 페스티벌 등도 좋은 ESG 활동의 예입니다. 건축에도 도입될 수 있습니다. 에코 빌딩, 에코 도시로 만드는 프로젝트가 그 방법입니다. 언젠가부터 너도나도 유리 건물을 짓는데 이는 비용도 비싸고 환경에 좋지 않습니다. 뉴욕은 그래서 유리 건물 신축을 허가하지 않기로 했습니다. 서울시 강동구청의 에코 리모델링은 주목할 만한 ESG 변화입니다. 파리는 최근에 피격적으로 자전거 도로를 넓히면서 차 가지고 다니는 시민들을 못살게 굽니다. 지금은 불편해도 길게 보면 잘하는 겁니다. 그레타 툰베리로 인해 확산 중인 '비행기 타는 것을 부끄러워하는' 시민 행동도 좋지요. 유럽의 셀럽들은 비행기 대신 열차를 타는 운동을 하고 있답니다. 비행기가 열차 수송량 대비 5배 이상의 탄소를 쓴다면서요.

한국은 2020년 나라 차원에서 지구적인 기후위기 비상 행동에 동참하는 넷제로와 그린뉴딜을 동시 선언했습니다. 다른 할 일도 많은데 왜 그런 선언을 했는지 그 이유는 알 겁니다. 지금 지구는 시간이 없고 한국은 점점 더 많은 책임을 져야 합니다. 미국 대통령 바이든은 취임하자마자 트럼프의 악행에서 복원해야 할 것을 세 개 꼽았는데 그중 하나가 파리협약 재가입입니다. 미국이 다시 깨어나는 초인이 되기를 기대합니다.

우리 직장인들도 SK, 파타고니아처럼 기업의 비전과 전략을 짜는 데서부터 앞의 이케아와 그랜저 같은 마케팅 활동 그리고 뒤에 나오는 여러 ESG 실천가들의 라이프스타일 변화를 보고 같이 실천할 필요가 있습니다. 앞으로의 MCN은 '이 세계=ESG'를 주홍글씨처럼 가슴에 새겨야 합니다. 지구가 살아야 낑·깡·끼 MCN도 살지요. 여기에 이 세계의 미래가 달렸습니다. AI가 소수 기술자의 몫이라면 ESG는 미래를 생각하는 우리 3,000만 직장인의 몫입니다. 제가 MCN 이야기를 책의 주제로 전하면서 마지막 3부를 '미래를 만져보실래요'* 한 이유가 여기에 있습니다. 앞으로 ESG는 직장인에게는 운전면허처럼 필요한 능력과 자격이 될 겁니다. 그럼 다음으로, ESG 활동을 먼저 해온 서울혁신파크를 살펴볼까요.

---

* 《미래를 만져보실래요》는 2020년 서울혁신센터 5주년을 맞아 출간한 책자의 재복입니다.

#26

사회혁신의 메카

서울시엔 '잘생겼다. 20' 공간이 있습니다. 문화비축기지, 서울로7017, 서울수목원… 새활용플라자, 50+ 남부 캠퍼스, 창업 허브 등이 그들입니다. 이는 고(故) 박원순 시장 시절에 새롭게 만든 20개 리모델링 공간들입니다. 그중 하나가 서울혁신파크입니다. 사회혁신을 추구하는 공간이라 일반 시민들에게는 좀 생소할 수도 있습니다. 지하철 3호선이나 6호선을 타고 불광역 2번 출구로 나오면 차도를 지나 100여 미터쯤에 있습니다. 과거 질병관리본부가 있던 건물인데 노무현 대통령 때 추진한 지역 혁신도시 정책으로 2010년에 충북 오송으로 이전하면서 비어버린 공간에 세워진 사회혁신의 거점 공간입니다.

부지 3만 평에 26개 건물 동이 있고 12개의 지원센터와 칼 폴라니 연구소 등 3개의 국제 연구 조직, 50+ 서부 캠퍼스와 서울기록원이 동거

하고 있으며 아름다운 커피, 빅이슈 코리아, 한국사회투자와 언더독스, 벼랑 끝 날다, 배리어프리영화제 같은 250개의 사회혁신 입주단체와 상주직원 1,300명이 있습니다. 제가 알기로 한국을 넘어 세계 최대의 사회혁신 융합공간입니다. 코로나19 전에는 연 5,000명의 관계기관과 60만 일반인이 방문했습니다. 이 파크는 독특한 문화가 많습니다. 예로, 잡초를 베고 가지를 치려고 해도 쉽지 않습니다. "세상에 잡초는 없다." 생태적 관점을 고수하는 시소, 물푸레, 이풀 협동조합 같은 단체가 있기 때문입니다. 무식한 저는 쥐 생긴다며 잡초를 쳐버렸지만요. 대신 일명 '미래청 포위작전'으로 이로운 토종 약초 심기 프로젝트를 감행했습니다. 장애인/반려견/비건/흡연자 등 소수자 인권에도 민감합니다. 차 없는 거리를 두어 차주는 불이익을 받고 자전거나 보행, 킥보드 타는 사람이 사랑받습니다. 혁신 광장에는 농구대가 설치되어 있는데 골 바구니가 여러 개입니다. "골이 왜 하나여야 해?"라는 딴짓엔스 의문에서 나온 조형물이죠. 양복 입은 사람은 파크에서는 과거에서 온 시간 여행자로 보일지도.

웃음문화가 있는 혁신파크

피아노 숲과 광장, 거리에는 혁신가의 스토리가 곳곳에 세워져 혁신가 문화를 조성하지만 엄숙하기만 한 것은 아닙니다. 화장실에는 "인생은 마이 웨이인데 닌 길치", "가장 최근에 한 데이트가 윈도우 업데이트", "모든 사람을 행복하게 하려는 노력을 당장 멈추라. 당신은 데 킬라가 아니다" 같은 웃음 경구들도 걸려 있고, 서울혁신센터에는 국 내 유일의 '웃음문화팀'도 있습니다. 파크 시그니처 팀입니다. 이 팀은 입주단체들과 주제 없이 만나는 '참 편한 토크', 파크 내 시각적 표현물 과 제작, 지구 카페 존, 파크 투어 등을 담당합니다. 파크는,

- 지속 가능한 사회를 위한 시민들의 혁신 플랫폼
- 상상이 현실과 만나는 365일 창의 공간
- 대담하고 자유로운 사회혁신 실험공간
- 앎, 꿈, 함의 실험공간

등을 표방하면서 궁극적으로는 도시 전환, 미래 전환(Transition) 실험을 합니다. 현재는 춘천, 전주, 대전, 제주 등 대도시와 대만의 3개 도시에 도 혁신파크가 만들어지는 붐을 제공한 원조 공간이기도 합니다.

보통 사람들은 기술혁신, 조직혁신, 경제혁신 등의 용어에는 익숙하 지만 사회혁신 하면 고개를 갸웃거립니다. 사회 하면 아직도 사회주의 를 떠올리고 거기에 붙은 혁신 때문에 심지어 '사회혁명?', '신종 빨갱 이?' 하는 분들까지 있습니다.

기업인들은 스타트업, 창조경제 혁신센터 등과 많이 헷갈리는데 사 회혁신은 그것들과는 지향점과 방법, 구성원을 달리합니다. 그것은 여 기 입주한 단체들 이름에서도 확연히 드러납니다. 대체에너지연구소,

적정기술공방, 한국에너지공사, 비전화공방(非電化工房, 전기와 화학제품을 쓰지 않는 공방. 지금은 '지구카페'로 개칭), 이노베이션 팹랩, 쓸모, 어스맨, 플랜트 제닉, 시소, 빅이슈 코리아, 비건 타이거, 달냥 카페, 언더독스, 공감 만세, 한평책빵 등 이름부터 다릅니다. 그리고 결정적인 차이는 기술혁신이나 경제혁신은 소수 엘리트들이 주도하는 데 반해 사회혁신은 구성원 다수가 참여하고 공론화와 실험을 거쳐서 장기적으로 해나간다는 점입니다. 그래서 '으ㅡ!' 늘 시끄럽습니다.

북유럽에서는 이미 익숙한 사회혁신은 정부나 기업이 하기 힘든 사회적 문제를 시민과 단체들이 주체가 되어 벌이는 혁신을 말합니다. UN에서도 SDG's(Sustainable Development Goals, 지속 가능한 발전 목표) 개념을 2015년에 선포해서 2030년까지 이행합니다. 기후, 에너지, 평등 등의 17대 목표 169개 세부 목표로 구성되어 있습니다. 영국 네스타(Nesta) 대표면서 사회혁신가의 혁신가로 일컬어지는 제프 멀건은 그중에서도 8개 분야를 핵심 분야로 정했습니다.

- 인구 노령화

- 기후변화

- 도시와 농촌의 이질성

- 뚜렷한 불평등

- 만성적 질환 상승, 음식(食)과 휴식(休)

- 풍요에 따른 인긴 헹동의 문제

- 청소년들이 성인으로 이행하면서 겪는 어려움
- 행복에 관한 분야

이 분야들이 기업이 붙기에는 이윤이 나오지 않고, 국가가 하기에는 관료들의 상상력 부족과 경직성 문제로 해결이 어려우므로 깨인 시민과 단체가 해결해야 한다고 주장합니다. 엄청난 부를 창출하는 유니콘, 놀라운 기술보다는 '작은 것이 아름답다'는 이념으로 인간을 위한 적정기술을 주장한 슈마허, 사회적 인간을 주장한 칼 폴라니, 사회적 기업을 글로벌하게 지원하는 아쇼카 재단, 《오래된 미래》를 써서 붕괴된 공동체를 재건하자는 헬레나 노르베리 호지 여사, 도시 빈민들을 대상으로 희망의 인문학을 가르치는 클레멘트 코스, 변산에서 오랫동안 생태 공동체 운동을 펼친 윤구병 선생 등이 이 분야의 선구자입니다. 역세권, 뉴타운, 학교/학원 등에만 관심 있는 서울시민들은 잘 모르겠지만 제가 혁신센터장을 하면서 새로 알게 된 이 생태계에서 자주 거론되는 단어가 리빙랩, 순환경제, 전환도시, 팹시티(Fab city), 커먼스(Commons, 호혜성의 원칙을 가지며 '공유' 등으로 해석. 동네 우물이 대표적) 등인데 나만 이기는 경쟁, 우월한 지위, 부, 뚱뚱한 소비만을 좇는 일반인들에게는 당분간은 낯선 개념들일 겁니다.

그러나 이미 유럽에서는 리빙랩 운동부터 포함해서 도시가 자립적 생산율 50%를 획득하는 팹시티 운동, 플라스틱 제로, 재생, 도시 자립 운동(영국 덴버주의 토트네스 도시가 유명), 대안 에너지 개발, 1회용품 금지, 쓰레기 제로 운동 등이 민관 차원에서 활발하게 진행되고 있습니다. 이들 운동을 통해서 공동체 단위의 행복 찾기 그리고 궁극적으로는 지구의 온난화를 촉발하는 탄소를 줄일 수 있다고 믿습니다. 이에 동참하는 기업들도 점점 늘고 있습니다. 폐기물을 이용해서 에코백을 만드는 프라이탁, 중고품을 사라고 권하며 환경운동을 하는 파타고니아, 동물실험을 반대하고 제3세계와 트레이드를 해서 오지의 부족들을 돕는 더바디샵, 사회적 경제의 상징으로 꼽히는 스페인의 몬드라곤 협동조합 등이 그런 회사들입니다. 요즘엔 이케아, 아디다스, 알맹상점, 현대차 그랜저 등도 동참하고 있습니다.

필자 주) 2019년 7월부터 서울혁신센터장을 얼떨결에 맡게 된 저는 파크를 '지구를 생각하는…' 실험장으로 만들려는 계획을 세웠습니다. 그를 지원하는 연구기관으로 '지구 집현전'을 시작했습니다. 세종이 집현전을 만들고 집현전은 세종 시대를 열어줬지요. 파크에도 그 모델을 가져오려고요. 목표는 사회적 저탄소. 저탄소는 지구를 지키려는 운동의 대표 지표인데 '사회적 저탄소'라고 부르는 이유는 저탄소를 이루려면 사회 구성원들의 경제모델, 문화 전환 등이 필요하기 때문입니다. 파크는 단체들이 두 분야로 나뉘어 한 분야는 대안 에너지, 리사이클링, 수복 관리, 스마트팜, 키친가든(영구 농법), 프레서스 플라스틱 캠페인 등 기술 베이스의 저탄소 운동을 실험하며, 다른 한 분야는 커먼스, 전환 등을 주제로 청년/여성 교육, 수많은 강의와 포럼 등을 펼치고 있습니다.
파크에서 1년 반은 반성과 깨달음의 시간이었습니다. 그래서 이 책의 3부를 '미래를 만져보실래요'로 정했습니다. 우리 미래 경제 사회 문화의 큰 축이 될 주제지요. 100년 뒤 후손에게도 지금과 같은 지구를 물려주려고 애쓰는 지구인들 이야기는 늘 감동입니다.

지구를 생각하는 사람들

서울혁신파크 내에는 250개의 사회혁신 단체가 입주하고 있습니다. 그들이 혁신하려는 내용은 크게 ▲평등, 인권, 대안교육 등의 민주주의 실험 ▲공유, 공정, 지역을 기반으로 한 공동체 건설 ▲전환도시 실험 등으로 나눌 수 있습니다. 지금부터 소개할 6인의 활동가들은 주로 세 번째 그룹에 속합니다.

그들은 나이, 성장환경, 활동 분야가 다양합니다. 대안 에너지 개발, 장난감을 통한 업사이클링 사업, 영구 농법의 키친가든 대표 등은 50~60대 남성들이고 비건 운동을 통해 청정 지구, 식물성 고기 개발, 열린 옥상 운동을 펼치는 분들은 30대 여성입니다. 이들 중에 새로운 성장동력을 모색 중인 ㈜강원랜드, 스마트 시티를 추진하는 LG전자, 지구를 생각하는 먹거리를 준비하는 풀무원, 청년 소셜 벤처를 지원하는 SK행복나눔재단 등이 관심을 보여 협약을 맺은 단체도 있습니다. 그들 이야기를 들어보면 지금 직장인인 우리도 할 일이 많아질 겁니다.

대안에너지기술연구소—강신호 박사

강 박사는 춘천 출신입니다. 군대 제대 후 입사하게 된 대한항공에서 가스터빈 에너지기술 분야를 접하면서 가스터빈에 매료된 그는 공학 이론을 파고들었고 박사학위를 획득했습니다. 한동안 대기업 부장으로서 그리고 엔진 전문가로서 안정된 삶을 살았습니다. 그러다가 인생을 바꾸는 계기를 만나게 됩니다.

2008년 여름휴가 때 귀농하여 시골에 자리 잡은 친구의 집을 찾아간 적이 있었습니다. 집은 해발 600m에 있는 마을에 있었습니다. 친구가 "선풍기를 높이 세워 풍력발전기로 쓰면 전기를 얻을 수 있어?" 물었는데, 이 질문이 그의 삶에 큰 파장을 남겼습니다. 명색이 동력 전문가인데, 정작 선풍기로 풍력발전기를 만들어달라고 했을 때 턱 막혀버린 겁니다. '음, 분하다.' 그때부터 첨단기술이 인류의 삶과 자연생태계에 얼마나 도움이 될까? 하는 질문을 던졌고, 그동안의 궤도와는 180도 다른 삶을 살게 됩니다. 회사를 그만두고 인도의 오지로 아내와 같이 공동체 체험을 다녀왔습니다.

태양광을 이용한 에너지스테이션 등 대안적 에너지 자립 시설을 '생활 속'에서 구현해보고자 했고 아구아포닉스 시설을 만들어 도시형 농법도 공부했습니다. 2017년부터는 쓰레기 재활용으로 활동 영역을 넓혔습니다. 협업 프로젝트로 '플라스틱 써저리'와 '플라스틱 대장간' 프로젝트를 제안해 생활 플라스틱을 재활용하고자 했고, 2018년 8월부터는 '음식물 쓰레기 자원화'를 실험하기 위한 리빙랩 프로젝트를 주도했습니다. 기후변화행동연구소 등과 함께 시민 정책 포럼과 '2019 서울 적정기술 한마당'을 열었고, 2019년 11월에는 《이러다 지구에 플라스틱만 남겠어》라는 환경 도서를 출간해 그해의 우수환경도서로 선정되기도 했습니다. 그렇게 에너지 분야뿐만 아니라 쓰레기 제로, 대안교육, 순환경제 등 다양한 분야로 활동을 넓혀왔습니다.

업사이클링 금자동이 — 박준성 대표

혁신파크에서 방문객이 가장 몰렸던 곳이 재생동의 '금자동이'입니다. 1998년, 4평 가게에서 400만 원의 자본금으로 장난감과 유아용품 중고 사업을 시작한 회사입니다. 이후 버려진 장난감 플라스틱 조각으로 새로운 작품과 장난감을 만드는 장난감 학교 '쓸모'를 운영하고, 2010년부터 사회적기업으로 활동하고 있으며, 최근에는 파크를 나가서 파주에서 사회적 협동조합 '트루'를 운영하고 있습니다. 의미도 크고 재미도 있지만 돈이 부족합니다. 꿈은 연매출 1,000억대 사회적기업인데, 늘 퍼주기 때문이죠. 그렇게 안 할 수도 없습니다. 왜 박준성 대표는 그 힘든 길을 택했을까요?

"지구가 심각한 플라스틱 문제를 안고 있기 때문입니다. 플라스틱 중에서 가장 환경문제를 일으키는 장난감류(소형복합 플라스틱 폐기물)는 더 심각합니다. 한국에서만 한 해 평균 약 240만 톤의 플라스틱 폐기물들이 소각되거나 매립됩니다. 이 문제를 업사이클링으로 풀자는 기업이 바로 금자동이입니다. (중략) 이러한 플라스틱 조각에 교육과 스토리텔링, 치유, 과학 등등을 담아 환경교육 프로그램을 만들어 지금까지 무려 40만 명의 유료 체험객들을 유치했고, 전국적으로 수업을 진행하고 있습니다. (중략) 2019년에는 미니카 수백 대를 모로코의 사하라 사막 지역의 아이들에게 기부했습니다. 이거, 내가 아니면 누가 해요?"

이런 사회적 가치들이 빛도 없이 사장되거나, 대기업과 기관들이 대가 없이 도용할 때 그는 절망합니다. 사단법인 '트루(Toy Recycle Union)'는 세상에서 가장 재미있는 환경운동 NGO로 연간 2,000톤의 장난감을 재활용하는 장난감 재활용 공장을 만들겠다고 합니다.

맛있는 정원 코리아 ─ 이진호 대표

서울혁신파크의 정문을 들어서면 오른쪽에 꼭 〈초원의 집〉이나 〈백설공주와 일곱 난쟁이〉 동화에 나올 법한 집 한 채가 있고 주변엔 너와지붕 작업장, 오두막과 텃밭, 화덕 등이 있는데 이곳이 '지구 카페(구. 비전회 기페)'입니다. 전기 안 쓰고 화학제품, 1회용 제품을 안 쓰는 걸 목표로 하고 있습니다. 그 카페 주변 300평에 지금 키친 가든 공사가 한 창입니다. 키친 가든은 채소, 허브, 나무를 혼합해서 그 식물들이 가진 저마다의 성질로 상생하는 영구 농법(Permanent Agriculturing)을 추구합니다. 이곳은 비료, 물, 농약을 쓰지 않습니다. '영구 농법'을 전도 중인 맛있는 정원 코리아 대표가 이진호입니다. 연세대를 졸업하고 ㈜강원랜드에서 기획팀 일을 하다가 산간에 3만 평을 사서 관리했는데 너무 힘이 들어 대안으로 주목한 것이 바로 영구 농법. 미국, 호주, 영국 등에서 주목하는 농법입니다. 한 시간 설명을 듣고 저도 빠져든 신개념 농법입니다.

"숲을 보세요. 물을 주지 않고 농약도 비료도 주지 않는데 저절로 자라 1,000년을 갑니다. 우리 농업도 그래야 합니다. 너무 많은 것을 식물에 주고 있어요. 그러니 농업도 힘들고 땅은 황폐해지고 흙이 바다로 쓸려가지요. 이것을 막고 지표면을 풍요롭게 하는 것이 바로 영구 농법으로 관리하는 키친 가든입니다. 이것을 하려면 기상, 토양, 식물들의 고유한 성질을 알아야 해요. 사람들을 치유하는 가드닝 디자인도 배워야 하지요. 우리는 무엇보다 키친 가든을 하는 분들의 개성과 철학, 참여를 존중합니다."

지금 맛있는 정원 코리아는 네이버 밴드로 동아리를 운영하는데 전국에서 700여 명이 참가하고 있습니다. 요리사, 농부, 주부, 사업가, 청년 디자이너 등 다양한 분들이 참여합니다. 한국 농업의 새 지평을 열 것이라고 믿습니다.

비건 타이거 ─ 양윤아 대표

비건 타이거는 패션 디자이너 양윤아 대표의 별명 '채식하는 호랑이'
에서 비롯했습니다. 비건 패션계에서 이제 유명한 양윤아 대표지만 그
녀도 육식 마니아였던 과거가 있었습니다. 마장동에 직접 가서 사 먹
었을 뿐 아니라 내장도 가리지 않았다고 합니다. 그러다가 고양이 '앙
꼬'를 입양하면서부터 모든 것이 변했습니다. 식성만이 아니라 인생도.
의류 회사와 대형 쇼핑몰 등을 다니던 그녀에게 고양이 앙꼬는 위로와
기쁨을 주었고 앙꼬로 말미암아 그녀는 동물권(權)에도 관심이 생겼답
니다. 2013년부터 붉은 살코기와 가금류를 먹지 않는 페스코 베지테리
언(육류는 먹지 않지만, 유제품·가금류의 알·어류는 먹는 채식주의)이 되었습니
다. 이후 차근차근 비건을 지향하다가 이제 더는 동물성 제품을 섭취하
거나 생활에서 사용하지 않습니다. 패션 업계를 나와 동물권 단체 활동
가로 3년간 일하기도 했습니다.

"동물권으로 시야를 넓히고 보니, 그동안 생활의 모든 면에서 인간이 동
물의 희생에 기대 살고 있었다는 것을 알게 됐습니다. 그래서 비건 패션에
꽂혔습니다. 밍크코트 한 벌을 만들려면 밍크 50~60마리가 희생되어야 하
고 여우는 성인 코트 한 벌에 20마리, 족제비는 125마리, 친칠라는 200마

리가 희생됩니다. 모피를 위해 사육되는 밍크들은 상품성을 위해 생후 6개월이면 도축됩니다. 우리가 영계를 선호하면서 병아리가 고작 40일을 못 사는 것과 비슷합니다. 번식용으로 길러지는 밍크들은 4~5년 정도 새장 같은 우리에 갇혀 삽니다. 야생에서 하루에도 수 킬로미터씩 이동하는 밍크가 우리 속에 갇히면 자기 꼬리나 발을 물어뜯으며 끊임없이 자해합니다. 이건 아니잖아요?"

패션 시장에서는 윤리적인가보다는 멋진가가 더 중요한 것이니까 어떻게 할까 고민하다가 동물성 재료의 대체재를 써서 더 아름다운 제품을 만들면 되겠다고 판단했답니다. 그래서 모피나 가죽으로 오해받을 만큼 흡사한 인공 소재를 사용하고, 동물을 연상케 하는 프린트를 디자인에 적극적으로 활용했습니다(런던 패션 위크에서는 쇼에 모피 소재 의류를 올릴 수 없다. 프라다, 구찌, 샤넬, 메종 마르지엘라 등 세계적인 브랜드도 모피와 이별했다). 그녀는 말합니다. "미래에는 사람들이 진짜 동물 털로 옷을 만들었던 시절이 있었다는 걸 신기해할 시대가 반드시 올 겁니다."

지구인 컴퍼니 — 민금채 대표

혹시 콩고기 먹어보셨나요? 생각보다는 맛이 있고 겉만 보면 진짜 고기와 구분할 수 없지요. 비건과 관련해서 빼놓을 수 없는 것이 바로 식품, 그중에서도 식물성 고기입니다. 스타트업인 ㈜지구인 컴퍼니가 그 식물성 고기를 개발 중인 회사입니다. 이름도 지구인 컴퍼니, 의미가 훌륭하지요. 민금채 대표는 기자를 하다가 다음 커뮤니케이션, 배달의민족 등을 거쳐 농산물 구매에 관심을 가지면서 결국 창업해서 '못생긴 B급 농산물' 유통을 시작했습니다. "너무 아깝잖아요." 그러다가 마침내 육류를 대체하는 식물성 고기 사업에 뛰어들었습니다. 글로벌 시장은 연 30조~40조. 미국의 비욘드 미트, 임파서블 푸드 등은 이미 시가총액 수조 원대이며 전문가들은 10년 내 20배로 클 것으로 전망합니다. 지구인 컴퍼니는 밥버거(밥+햄버거)를 홍콩에 출시했는데요. 제가 민 대표를 서울 모처에서 만나 인터뷰를 했습니다.

"식물성 고기는 일단 맛이 고기와 같아야 하죠. 쫄깃한 질감 말이에요. 그리고 시각적으로 서리가 내린 것 같은 효과가 나와야 하고요. 여기까지는 현재 웬만한 개발업체에서도 하는데 마지막 문제는 육향(肉香)입니다. 이게 어려워요. 저희 R&D에서 준비 중인 대체육은 제가 이제까지 먹어본 식물성 고기 중에서는 제일 탁월해요. 호호. 그러면 버려지는 B급 농산물 활용이 늘고 현재 지구를 덮는 가축들을 대폭 줄일 수 있어서 농산물 활용도 증대와 지구 이산화탄소 생성을 상당히 억제할 수가 있어요. 이산화탄소 중 25%가 바로 우리가 먹어치우는 가축들에서 나오고 개들 먹인다고 멀쩡한 땅, 숲을 대체 개간해서 지표가 노출되면 거기서 나오는 이산화탄소도 만만치 않고요."

공간 프로듀서 — 박혜원 대표

박 대표는 대학 졸업 후 책을 매개로 교육 지원 사업을 하는 소셜벤처 '히든북'을 창업했습니다. 현재 소셜벤처 '히든북'과 협동조합 '열린 옥상'을 함께 운영합니다. 히든북은 야외도서관, 작은 도서관, 독서 교육 등 책을 매개로 하는 교육문화단체입니다. 그녀가 찾은 시장은 그동안은 쓰임새를 찾지 못한 그러나 오래된 공간이었습니다. 그러다 찾은 공간이 마을의 시장이었고 그곳에서 야외도서관을 시작합니다. 그 활동을 진행하다 보니, 빈 공간에 관심이 생겼습니다.

"새로운 공간으로 도시 옥상에 관심을 가지게 되었어요. 도시는 자꾸 새로운 걸 지으면 안 돼요. 있는 공간을 재생해서 잘 써야지요. 지금 서울에는 수많은 옥상이 빈 채로 버려져 있어요. 옥상 좀 빌려주실래요? 공짜로. 대신 옥상을 살려드릴게요. 훗—."

모바일 중독과 넷플릭스와 게임, 먹방, 혼족 경향 등으로 점점 디지털 코쿤(Cocoon)화되어가고 사람들은 종이책을 읽지 않는 시대 그리고 규제가 많은 한국이란 상황에서 박 대표는 야외도서관, 옥상을 여는 길을 걸어왔습니다. 히든북 활동을 처음 시작했을 때 많은 거절을 당했습니다. 시장성을 입증하는 것이 어려웠기 때문입니다. 옥상이라는 장소는 위험한 장소이기에 규제가 많은 장소입니다. 그러나 열린 옥상 활동의 결과 겨우 몇 년 사이에 옥상을 활용한 시설이나 콘텐츠가 많이 생겼습니다. 박 대표는 새로운 경로를 열었으며 같이 걷는 친구들도 꽤 생겼습니다. 그녀는 '공간 창출자(Producer)'라는 직업을 창조한 것입니다.

이산화탄소는 늘어나고 기온은 계속 올라 지구 곳곳에서 전례 없던 태풍, 홍수, 큰 산불, 미세먼지, 플라스틱 바다가 늘고 있습니다. 노아의 방주 이후로 지구는 최대 신음 중입니다. 그게 과연 내 일이 아닐까요? 서울혁신센터 미래청 1층에 가면 이런 팻말이 있습니다.

"미래는 예측하는 것이 아니다. 미래는 만드는 것이다. 그러면 그 미래가 우리를 만들어줄 것이다."

저는 미래를 만드는 이들, 지구 MCN 6인의 소리를 생각합니다. 그러면 저도 '지구를 생각하는 사람'이 되겠지요.

#28

악에 대하여 - Don't be evil

　　　　　　'선한 영향력'이란 말이 소비자와 MZ세대들 사이에 돌고 있다고 합니다. 예전에 우리가 자주 쓰던 말은 반면교사였습니다. "셀럽들의 이기적인 행위를 반면교사 삼아 우리는…" 이런 식으로요. 그런데 이제는 선한 영향력이라니! 요런 느낌 좋습니다. 사회가 이렇게 바뀌고 있습니다.

　그런데 선이 있으면 악이 있겠지요. 일단 선과 악의 한자 어원을 볼까요? 뜻밖에도 양과 집이 여기에 개입되어 있습니다. 네이버 한자 어학사전에 따르면 선(善)은 양의 눈과 관련되어 있습니다. 갑골문자에 보면 위에는 양의 머리 아래에는 눈이 그려져 있는데 '양의 선한 눈망울처럼 착하다'는 뜻이랍니다. 그 후 눈은 입으로 대체되어 양처럼 착한 말이라는 뜻도 있다는군요. 고대 농경과 유목 시대에 양(羊)은 좋다는 의미의 대명사였죠. 아름다움을 뜻하는 미(美)도 양(羊)과 크다(大)는 뜻이 합쳐진 말입니다. 먹을 것이 최고인 사회에서 양이 크니 얼마나 아름답겠어요. 구석기 동굴 벽화에도 가슴과 골반이 큰 여성상이 그려져 있었지요. 미의 기준이 오늘과 다른 겁니다. 한편 악에서 위 문자인 아(亞)는 네 방향에 지어진 고대의 집을 위에서 내려다본 형상입니다. 답답하고 막혀 있는 형상이라 좋지 않은 것이고 여기에 마음(心)이 더해져서 나쁜 마음이 되었다고 합니다. 고대인들 사고가 재미있네요.

구글 - '돈 비 이블 & 머스트 비 이블'

악에 대한 서양인의 사고는 꽤 심각합니다. 네이버 백과의 '종교학대사전'을 보면 플라톤부터 연대기적으로 조금씩 변합니다.

플라톤 철학에서는 형상(形相)과 질료(質料)의 이원론을 취하는데 형상은 사물의 형태에서 나타나는 이념이며, 영적 요인을 나타내는데 질료가 그 소재로, 물질적 요인을 나타낸다. 한편 조각가가 소재로 만들어내는 형상은 그의 마음 안에 있는 영적 직관을 나타내고 있다. 이와 마찬가지로 신은 혼돈된 상태의 형태가 없는 질료에 영의 입김을 불어넣어서 형상을 만들고, 우주를 형성했다고 플라톤은 말한다. 이 경우, 형상은 선미(善美)한 것인데, 질료는 이에 저항하는 경향, 즉 악의 경향을 지닌다는 생각이 신플라톤주의니 그노시스주의니 스토이철학 안에 있었다. (중략) 선이라는 존재와 악이라는 존재의 두 가지가 있는 것이 아니라, 악이라는 것은 선의 분량이 적거나, 제로가 된 상태(《선의 결핍》)를 의미하는 데 지나지 않는다. (중략) 칸트는 인간의 도덕적 의지를 이성적인 선에 대한 의지라고 했는데, 그 근저에 선의지에 반하는 근본 악의 경향을 생각하지 않으면 안 되었다. 융은 그리스도교 세계에서는 '악은 어디에서 오는 것일까'라는 질문은 대답 되지 않았다고 한다.

한편 네이버 백과의 '헤겔 사전'에 따르면,

악은 인식능력을 지닌 인간에게서만 존재한다. 인식이야말로 모든 악의 근원이다. (중략) 인식이 비로소 대립을 정립하는 것이며, 이 정립 안에 악이 존재한다. 악은 인식의 범위 내부에서 비로소 현존한다. (중략) 악이란 정신의 자연적인 현존재가 자기 속으로 향함에 다름없다. (중략) 자유와 악은 둘 다 타자에 의존하지 않고, 자기만으로 존재하고 자기 자신을 대상으로 하는, 의식의 내면에서의 자립적인 존재 방식이기 때문이다.

뭐, 이런 식으로 정리되어 있습니다. 서양철학이 신과 이데아 추상에서 비롯된 사고라 그런 것 같습니다. 중국은 선과 악이 각각 양과 집 기원설 그리고 후대에는 "원래 착한 놈이야. 그런데 세상이 그만", "아니, 원래 나쁜 놈이야. 그런데 교육을 받으면…" 요렇게 성선설, 성악설 정도로 그냥 인간의 성정과 경험을 기반으로 하는데 말이죠.

제가 여기서 악의 철학, 철학의 악을 논하자는 것은 아니고 지금 세계를 지배하는 구글이 2000년 무렵에 행동강령으로 정했던 '악해지지 말자(Don't be evil)' 때문입니다. 구글 직원으로 Gmail 창시자인 폴 부체트와 엔지니어인 애미트 파텔이 회의에서 기업가치 의견을 나누다 파텔이 제안한 말이라고 합니다. 그것이 기업 철학까지는 아니고 행동 모토로 채택되어 세상에 널리 알려졌고, 이후 구글의 선의에 대해 사람들이 환상을 가지게 됐습니다. 그들은 정말 악을 행하지 않았을까요? 아니지요. 일단, 구글 코리아는 게임 외 음원, 웹툰 개발 앱에 대해서 30% 수수료를 물리겠다고 발표했습니다. 한국에서만 연매출 6조 원대로 가뜩이나 돈을 많이 버는 구글이? 말이지요! 이에 한국 국회에서 구글 코리아 전무를 출석시켜서 모 국회의원이 "돈 비 이블은 머스트(must) 비 이블이 된다"라고 질타한 바 있습니다. 그리고 2020년 말에 미국 《파이낸셜 타임스》의 부주필인 라나 포루하의 《돈 비 이블: 사악해진 빅테크 그 이후》에서 미국의 대표적인 기술 플랫폼 회사인 FAANG(페이스북, 애플, 아마존, 넷플릭스, 구글)을 공격했습니다. 이 중에서도 집중 대상은 구글이었습니다. 구글이 고객의 정보를 상품으로 한 데이터 판매, 독점 규제 무력화를 위한 로비, 무자비한 인수합병 등으로 거대한 부를 불리고 있다는 겁니다. 제가 보기에도 이들 유니콘들이 위기의 지구를 위해서 그리고 90%의 사람들을 위해서 무언가를 했다는 기사를 들은 적이 거의 없군요. 혹시 여러분은 아니요?

포루하는 이전에 《메이커스 앤드 테이커스》라는 잭으로 생산은 안

하고 이익만 가져가는 금융자본을 비판한 바 있는데 이는 사회혁신가인 제프 멀건의 《꿀벌과 메뚜기》와 일란성 쌍둥이처럼 비슷한 내용입니다. 포루하, 그녀는 실제 이들 기업 중 일부를 미 의회 청문회로 소환하는 역할도 했습니다. 우리는 이런 고발을 이미 앞 1부의 '뺑 세상'에서 보았습니다. 포루하는 그녀의 열 살짜리 딸이 게임 아이템을 생각 없이 900달러나 구매한 것에 격분해서 이 연구를 시작했다고 합니다.

지구를 생각하는 선(善)

구글을 공격하면 상쾌하기야 하겠지만 그렇다고 거대 기업, 직장인의 악이 사라지지는 않습니다. 제 식으로 말하면 악은 선의 그림자이고 세상은 악을 연료로 해서 선의 수프를 만듭니다. 앞의 플라톤식으로 말하면 질료는 항상 이데아로서의 형상을 무너뜨립니다. 지금 기성세대가 청년 때도 나빴겠습니까? 그들도 그때는 호기롭게 '돈 비 이블'을 선언했습니다. 그런데 질료로서의 현실이 그를 서서히 갉아서 어느덧 선의 결핍을 만드는 것이지요. 구글이 더 큰 악이 되지 않기를 바랍니다.

구글 이야기는 그만하고 우리 직장인, 제가 속해 있는 기업 이야기로 돌아갑시다. 양이 선의 기준이 된 것은 먹을 것이 곧 선이었던 고대인의 기준이었습니다. 선과 악은 시대의 기준을 피할 수 없습니다. 조선시대에야 놀부가 나쁘겠지만 자본주의 시대에는 오히려 흥부가 비판을 받습니다.

앞으로 선의 기준은 파괴적 개발, SKY 캐슬, 뚱뚱한 성장이 아니라 우리 행성 지구의 지속 가능성입니다. 땅바닥이 꺼지고 매일 흙먼지 폭풍 몰아닥치고 청년은 범죄자가 되고 도시의 90%가 경제적 난민이 된다면 혼자서 억만금을 가지고 AI 비서 시켜서 포르쉐 자율주행하면 뭐합니까? 그래서 100년 후 우리 후세가 최소한 지금 같은 환경에서 살 수 있게 해주자는 겁니다.

기후 위기 대응, 평등, 사회적 연결, 투명하고 공정한 지배구조 실현, 웨이스트 제로, 도시 농업, 비건, 에코 도시, 지방분권, 로컬 크리에이터, 메이커스 등으로의 문명 전환이 지속 가능에 무엇보다 필요한 겁니다. 그래서 이제는 '지구(환경과 인간)를 생각하는 지속 감수성' 기업, 직장인이 선입니다. 소비자도, 남친/여친도 거기에 반응할 겁니다. SK, 파타고니아, 이케아, 블랙록 등은 이를 알고 먼저 움직이는 거고요. 반대로 악은 닫혀 있고 억압적인 것, 내면의 자기의식만을 향하는 것, 형상(이데아)으로 가지 못하고 질료 상태로 남는 것, 선한 영향력의 결핍입니다. 갑질과 독점, 0.1%를 위한 초고층 빌딩, 플라스틱 과용, 뱀처럼 긴 탄소 발자국, 과소비 조장, 육식, 엄청난 광고비, 혁신하지 않는 무임승차, 플랫폼 노동자 혹사, 무자비한 배달 문화, 골목상권 파괴, 게으름과 비만 등이 악일 겁니다.

29

지속 감수성에 대하여

'성인지 감수성(gender sensitivity)'은 성별 간의 차이로 인한 일상생활의 차별과 불균형을 인지하는 것을 말합니다. 1995년 베이징에서 열린 제4차 유엔 여성대회에서 사용된 후 국제적으로 통용되기 시작했다고 합니다(시사상식사전). 국내에서는 2000년대 초반부터 정책 입안과 공공예산 편성에 활용되기 시작했고, 법조계에서는 성범죄 사건을 심리할 때 피해자가 처한 상황의 맥락과 눈높이에서 사건을 바라보고 이해해야 한다는 개념으로 사용되고 있습니다.

이 개념의 도입 이후 한국은 공적·사적 영역의 조직 행동과 문화 차원에서 큰 변화가 일어났습니다. 대체로 40대 이후 차/부장급 남자라면 성인지 감수성이 떨어진다는 말을 "요즘 살찐 것 같은데. 조심해" 정도로 흔하게 들을 겁니다. 기업과 공공부문은 성 관련 정기 교육을 하고 직장 회식을 피하며 심지어는 여직원들과 자리를 떨어져 앉기도 합니다. 과도하다, 모호하다 등의 비판도 있지만 엄청난 사회 변화를 일으킨 것은 분명합니다. 이처럼 하나의 개념은 때로 매우 파워풀합니다. 이에 착안해 또 하나 새로운 개념을 우리 사회가 시급히 받아들여야 합니다. 지구가 이상해졌기 때문이죠.

지구가 급(急) 이상하잖아요?

2020년 9월, 미국 서부는 캘리포니아에서 캐나다 국경까지 무려 50개 지역에서 서울의 20배 면적이 불탔습니다. 고온과 가뭄 끝에 일어난 원인 모를 산불입니다. 호주에서도 2019년 말 시작해 무려 5개월 동안 서울의 100배 면적을 태워버린 역대급 산불이 발생했습니다. 전문가들은 이제 이런 산불은 점점 더 기록을 갈아치울 것이라고 경고합니다.

남의 나라 일이 아닙니다. 한국도 지금 전례 없는 오랜 장마와 코로나19 팬데믹이 더해져 큰 고통을 받고 있습니다. 일주일 간격으로 태풍도 덮쳤습니다. 작년까지는 매년 폭염 경보에 시달렸고요. 2021년 제주에는 몇십 년 만에 한파와 폭설이 기습했습니다. 과거 이런 일이 있었나요? 다시 말합니다. 우리 지구는 점점 나빠지고 있습니다. 지구는 2050년 파국의 해를 향해 가고 있다는 말입니다.

반세계화 운동을 하는 라즈 파텔과 세이슨 W. 무어가 공저한《저렴

한 것들의 세계사》에 따르면 이 피해는 결국 80%에 달하는 사회의 아래 칸 사람들이 집중적으로 받게 되어 있습니다. 2018년 평균기온 16도인 유럽 스웨덴에서 기온이 34도까지 올라가는 초유의 상황이 발생하자 이에 충격을 받은 16세 소녀 그레타 툰베리가 등교를 거부하고 기성세대를 통렬하게 비판하는 환경운동가로 나섰습니다. 이제 19세인 그녀를 따르는 청소년과 기성세대, 명사들도 늘고 있습니다. 그들은 비행기 타는 것을 부끄러워하기 시작했고, 전 세계 수백만 명의 학생들도 '미래를 위한 금요일' 운동을 벌입니다.

그래서 '지속 감수성(sustainable sensibility)'이란 개념을 제안합니다. 이는 지속 가능한 지구사회를 위한 인지, 실천 감수성을 뜻합니다. 원래는 '지속 가능한 지구를 위한 인지와 실천 감수성'이라고 해야 할 것이나 너무 길어 줄인 개념입니다. 쓰레기 제로, 건강한 대안 에너지, 화석 연료 사용 절감, 업사이클링 같은 것부터 공동체와 로컬 이코노미를 통한 자급자족 도시로의 전환 운동(자전거 타기, 도시 농업, 지역형 중고시장 등) 등이 지속 감수성이 높은 사회일 것입니다. 개인으로 보면 탄소 마일리지를 줄이는 중고품/무포장 활용, 지역시장 애용, 육식 줄이기, 비 미니멀(be minimal) & 버리스타(잘 버리고 덜 버리는)와 화상 라이프스타일로의 전환 등이 지속 감수성이 높은 것입니다. 생소하고 고통스럽고 너무 먼 이야기일 것 같지만 그래도 해야 합니다.

지자체도 지속 감수성이 높은 도시를 차별화된 목표로 추진하고, 학교도 지속 감수성 교육을 해야 합니다. 코로나19 팬데믹 상황에서 특히 교회가 욕을 많이 봤는데 지상의 구원을 원한다면 기독교도 해야 합니다.

숫자와 평가를 좋아하는 인간들이니 '지속 감수성 지수(index)'를 개발하는 것도 방법입니다. 청와대도 디지털 뉴딜, 그린뉴딜만 추상적으로 말하지 말고 청와대 내부부터 실천해서 매년 지속 감수성 지수를 발표해야 합니다. 해묵은 성장과 분배, 진보와 보수의 딜레마도 이제는 지속 감수성 내에서 풀어야 합니다. 시간이 없습니다. 코로나19는 그 경고의 시작입니다. 늘 빨랐던 한국은 이제 지속 감수성 이슈를 빨리 이행해야 합니다.

비 미니멀(Be Minimal) 실천하기

　— 1년 전부터 토요일이면 저는 반찬을 만듭니다. 비름나물무침, 꽈리고추찜, 시금치무침, 두부구이, 호박전, 수제비, 부대찌개. 버리지 않을 만큼 조금씩 만듭니다. 아내와 둘이서 좁은 주방에서 왈그락달그락 만듭니다. 초짜라 힘듭니다. 스팸, 달걀과 우유, 버터들도 안 써야 하는데 아직은 좀 힘듭니다. 집안에 미니 채소밭도 만들고 싶습니다.

　— 식사량이 줄었는지 아침에 라면 한 그릇을 못 먹습니다. 늘 국물이 남습니다. 밥을 말아 먹기에는 배가 부릅니다. 아내는 국물을 남겨 둡니다. 저녁에 그 국물에 물을 좀 붓고 김치와 김, 파 등을 썰어 넣고 참기름 조금 뿌려 죽을 만들어 먹습니다. 잘 끓이면 본죽의 짬뽕죽 맛이 납니다. 한 끼 식사를 두 번에 하니 이것이 '비 미니멀(Be Minimal)'. 페

이스북에 올렸는데 "궁상맞다", "좀 심하네"라는 댓글도 있었지만 "내도 진즉 하고 있었다", "맛있어요"라는 글도 꽤 있었습니다. 제가 궁상 1호는 아니었습니다.

– 음식물 쓰레기를 물론 쓰레기통에 버려도 좋지만, 혹시 아파트 집 앞에 정원이나 녹지가 있다면 적정량의 음식 쓰레기는 나무들 주변에 땅을 파서 묻어주십시오. 나무도 좋고 땅도 비옥해지고 음식물 쓰레기도 줄어듭니다. 2020년 20여 차례 땅에 묻었습니다. 단, 냄새가 안 날 정도로 파서 묻으시기를. 공이 들어간 땅이라 사랑하게 됩니다.

– 낡거나 떨어진 옷은 천을 덧대서 다시 입습니다. 청바지나 재킷 등은 그래도 뻴 좋습니다. 소매가 좀 너덜거려도 "이게 이제는 힙(Hip) 스타일"이라고 주장합니다. 아들들이 버리려던 후드티를 제가 입습니다. 젊어 보인답니다. 파타고니아도 비싼 뉴욕 스퀘어가든에 "이 재킷 사지 마세요" 광고해서 세계적인 호평을 받았습니다. 대신 그 회사는 중고 옷을 입으라고 권장합니다. 이것이 '비 미니멀'입니다. 이참에 재봉틀을 돌리는 문화가 다시 생겼으면 좋겠습니다. 집집마다 중고 옷, 신발, 에코백, 천, 비닐 등이 유목민 부족 전체보다 많잖아요.

– 집에서 나온 플라스틱을 혁신파크로 가져갑니다. 파크의 이노베이션 팹랩에서 플리스틱 중 재활용 가능한 PP, HDPE를 모아 녹인 후

그것을 새로운 중간재로 만들어줍니다. 지금 팹랩은 네덜란드에서 시작해 세계가 호응하는 '프레셔스 플라스틱(Precious Plastic)' 커뮤니티와 공동 운동 중입니다. 앞집의 젊은 부부도 매주 우리 집 앞에 깨끗하게 씻은 플라스틱을 갖다 놓습니다.

– 아파트 쓰레기장에 가면 아직 쓸 만한 가구들이 버려져 있는 경우가 종종 있습니다. 책장, 의자, 미니 테이블 등. 저는 그것을 발견하면 아들을 부릅니다. 그리고 개미 부자(父子)처럼 영차영차 들어서 집에 가져다 놓습니다. 멋진 득템. 아들에게는 중고 활용 교육 효과, 아내는 흐뭇 웃음. 일석삼조입니다. 2020년에만 여섯 개나 득템. 이것이 비 미니멀!

– 어느덧 책이 많아졌는데 아이들이 크다 보니 이제는 필요 없는 것들도 많습니다. 제 책도 용도가 다한 것이 꽤 됩니다. 그 책들을 잘 정리해서 아파트 1층 현관에 가져다 놓습니다. 그간 200여 권 내놓은 것 같네요. 그중 70~80%는 이웃이 가져갑니다. 고맙다는 소리를 들으면 흐뭇합니다. 알라딘 중고서점을 셀프한 셈이지요.

– 혹시 컴퓨터 이메일 다 보고 나면 바로 휴지통으로 보내시길 바랍니다. 개인에게는 작은 용량이지만 한국 전체가 모이면 데이터 센터가 소비하는 전기량이 장난이 아니랍니다. 전기는 바로 이산화탄소와 동의어죠. 용도 다한 이메일 바로 버립시다.

– 저는 전국을 많이 다니는지라 자동차가 필요합니다. KTX는 낭만이 없고 전기차는 아직 불편하고 그래서 하이브리드 차를 탑니다. 초기 가격은 좀 비싸지만 기름을 반 정도 덜 쓸 수 있습니다. 그만큼 이산화탄소도 덜 발생하지요. MZ세대들이 많이 타는 공유 자전거와 킥보드도 좋습니다. 언젠가는 차도 치워야지요. 파리는 전체 차량 도로 중 60~70%를 없애겠다네요. 아파트에 세워놓은 차들 보면 30~40%는 늘 제자리인데 아파트 단위로 차 30%를 없애고 공유(Sharing) 차로 할 수는 없을까요?

– 언젠가는 집 냉장고를 반(Half) 사이즈로 바꿀 겁니다. '프로젝트 드로우다운'의 22개국 70여 명 연구진, 120여 분야 전문가들이 추천한 이산화탄소 줄이기 100개 솔루션 중에 첫 번째가 '냉매 관리'랍니다. 두 번째가 풍력 발전(육상), 세 번째가 음식물 쓰레기 최소화, 네 번째가 채식주의인데 냉매는 냉장고에서 나오잖아요. 냉장고에 쓰지 않는 식재 참 많지요. 한국은 선진국 대비 냉장고도 많고 크다고 합니다. 프랑스 주부들처럼 냉장고를 줄이면 골목상권이나 재래시장에서 싱싱한 식재를 그때그때 얻을 수 있습니다. 그러면 골목도 살아나고 추억도 살아나고 원거리에서 식재를 배달하는 탄소 발자국도 줄일 수 있습니다. 집 내부도 넓어 보이겠지요. '비 미니멀' 실천은 냉장고 줄이기부터. 냉장고 수호신 아내여! 이를 허락해주시오. 대신 부지런히 장을 보겠소.

문화재생의 전환 미래-미용실 효과

문체부가 추진하는 세미나에 참석해서 서울혁신파크 사례를 발표한 적이 있습니다. 그날 세미나는 공장, 소방서, 매립지 등 지방도시의 유휴시설을 문화로 재생하는 정부 프로젝트 토론 자리였습니다. 지역문화진흥원과 용역 연구단체 그리고 현재까지 선정된 5개 도시의 담당 공무원들 20여 명이 참가했습니다. 문화시설과 혁신파크는 장르가 다르긴 하지만 문체부 담당관이 인상적인 사례 발표였다면서 관심을 보였습니다. 다행입니다. 들을 줄 아는 공무원이 있어서.

사실 서울혁신파크도 질병관리본부가 떠난 유휴 부지를 재생시킨 공간입니다. 단 재생 측면에서 형태는 같으나 파크는 사회혁신으로 재생, 문체부는 문화콘텐츠로 재생하려는 것입니다. 혁신파크 재생은 힘들었습니다. 노후시설 리모델링에서 오는 하자보수, 냉난방시설 문제,

노후 화장실 등의 하드웨어 공사부터 입주단체들의 엄청난 노이즈와 운영 주체들의 미숙함까지 바람 잘 날 없었습니다. 저는 그날 세미나에서 기본적으로 그런 문제는 불가피한 일이며 그보다 더 중요한 게 있다고 했습니다.

의류 회사가 맥주를 파는 이유

제 주장은 이렇습니다.

"지금 전국 250여 지자체에 들어선 문화회관, 체육관, 박물관 등은 가동률이 25%에 지나지 않습니다. 문화콘텐츠 대신 사실은 토목, 지역 민원처리 성격이 강했기 때문입니다. 너무 난립해 예산, 사람, 콘텐츠가 턱없이 부족한 것은 현재도 그렇고 미래도 그럴 것입니다. 이런 상황에서 문체부는 문화도시를 추진하고 있고 거기에 또 유휴시설 문화재생 프로젝트를 하려는 것이니 콘텐츠, 운영, 융합 등의 과제가 더 쌓이는 셈입니다. 이를 어떻게 풀까요? 여기에 이제는 정말 중요해진 우리 모두의 과제를 융합할 필요가 있습니다. 바로 지속 가능성이란 지구적 과제입니다. 문화는 훌륭한 것이지만 그것이 과연 지구와 한국 사회가 당면한 지속 가능성 문제와 연결되는지요? 이상기후, 탄소 저감 문제, 플라스틱 사용, 쓰레기 제로, 동물권, 대안 에너지 문제 같은 문명 전환(Transition) 이슈가 과연 문화재생과 유리된 것인가요? 만일 그렇다면 사회문제를 도외시한 채 '문화(인)를 위한 문화가 될 위험이 있습니다. 지구의 100년 뒤를 생각해서 비즈니스를 한다는 의류 회사 파타고니아가 한국의 기업들이 즐겨 하는 문화 후원을 선택하지 않고 돼지고기, 맥주 판매 같은 식(食) 사업에 뛰어든 놀라운 이유를 문화판도 고민해야 합니다."

저는 문화재생과 사회혁신이라는 콘텐츠가 결합해야 '미-용-실 효과'가 나올 것이라고 했습니다. 보기에 아름답고(美), 쓸모 있으며(用), 실질적으로 지구를 전환하는(實) 효과 말이지요. 영구 농법, 플라스틱/쓰레기 업사이클링 감수성 같은 것은 아름답고 유용하며 지구 지속에 큰 도움이 됩니다. 사회혁신과 문화재생이 만나면 미용실 효과가 커집니다. 코로나19로 신음하는 축제들에 참 마음이 아픈데 이것이 좀 나아지면 축제도 향후엔 미-용-실 효과를 생각해볼 필요가 있습니다. 그게 문화재생의 전환 미래지요.

화상 사회

"야, 생각보다 재밌습니다."

"이거 계속해야 할 것 같은데요….'

"베이징에서도 되네요. 리얼이 좋긴 하지만 그래도 이거 꿩 대신 닭인데요."

"아니, 저는 닭보다 나은 꿩인데요. 하하하."

이것은 2020년 연말, 코로나 2.5단계 상황에서 오프(Off) 미팅을 미루고 미루다 독서 모임을 화상(랜선) 회식으로 했을 때 나온 수다들입니다. 토요일 저녁 8시에 회원들은 저마다 안주와 술을 들고 화상 앞에 모였습니다. 천안에서, 안양에서, 베이징에서, 집에서 사무실에서 8명이 모인 겁니다. 안주와 술도 자기가 좋아하는 것으로 장만했지요. 어떤 회원은 화상 배경으로 숲을 깔았는데 저는 서재에 있는 남아프리카 원주민 탈을 쓰고 뒤에 아프리카 그림을 놓았습니다. 그러니까 그걸로 또 대화가 이어집니다. 두 시간쯤 후에 술이 약한 회원은 아듀! 자러 가고, 어떤 회원은 아내하고 2차 한다며 나갔습니다. 강남 술집에서는 벌어질 수 없는 회식 장면입니다. 2020년 저는 이 회식뿐만 아니라 화상 강의, 화상 회의, 화상 토론회도 20여 차례 했습니다. 이미 그 전에 한국 사이버대 1위인 경희사이버대학원 화상 세미나를 여러 차례 했었습니다. 실시간으로 LA, 부산 등에서도 참가하는 것이 인상적이었습니다. 그래서 '미디어 역사 2만 년, 최초의 화상 사회 도래'를 점치게 되었습니다.

사실 2007년 무렵에 대기업에서는 이미 화상 회의 기술이 보급된 상태였습니다. 그러나 회사의 임원들이 싫어했고 주변에도 하는 기업이 없어 사회적인 문화로 전파되지는 못했습니다. 그런데 코로나19가 그것을 가능하게 한 것입니다. 코로나19 온택트 기간이 1년 반이면 사람들의 새로운 습관으로 정착되기엔 충분한 기간입니다. 힘들어하던 분들도 이젠 적응합니다. 그러면서 새로운 장점(가치)도 속속 발견되었습니다. 그 장점을 네 가지로 분류해봅니다.

1. 비 미니멀 효과

탄소 마일리지 저감 차나 비행기를 이용하지 않으니 당연히 지구 내 탄소 사용량이 획기적으로 줄어듭니다. 이를 수량으로 표시하면 엄청

날 것입니다. 비행기가 전체 탄소량에서 차지하는 비율이 5%라고 하지요. 자동차는 더 엄청날 겁니다.

시간 절약 효과　회의당 개인 왕복 시간이 하루 2~3시간 절약됩니다. 재택근무와 병행되면 경기도 거주자의 경우 하루 5~6시간 절약됩니다. 이를 비용으로 환산하면, 한국 전체를 따지면 엄청나겠지요.

교통사고 확률 감소　교통 이용량이 줄어드니 사고 확률도 줄어듭니다. 저처럼 전국적으로 움직이는 사람은 특히 더 그렇지요.

지역 간 지식격차/ 참여 장애 완화　저명한 저자에게 만일 아주 남쪽에 있는 해남이나 제주 등에서 강의를 해달라고 하면 갈까요? 망설일 겁니다. 하루를 다 써야 하고 위험하며 또한 대부분 강의료도 낮으니까요. 대신 화상 강의라면 비교적 수월하게 동의할 겁니다. 그럼 그 지역에서는 훌륭한 콘텐츠와 정보를 갖춘 강사를 초빙할 수 있으니 지역 간 정보격차를 해소할 가능성이 커집니다. 반대의 경우도 가능합니다. 초야에 묻힌 훌륭한 분을 화상으로 간단히 도시로 부를 수도 있지요. 이것을 가치로 환산하면 이 또한 어마어마할 겁니다. 화상 원격의료 가능성도 있고요.

2. 증대 효과

가정 시간 증대로 신 가족문화 창출　코로나19로 말미암아 요리용 식자재, 가정 내 인테리어, 실내 농업 상품 수요가 늘었다고 합니다. 실제 제 지인들이 요즘 부쩍 페이스북 등에 자신이 만든 요리를 많이 올립니다. 화상 사회가 되면 외부 이동이 줄면서 가정 내 체류 시간이 늘면 자연스레 신 가족문화가 만들어질 겁니다.

3. 통중(通衆, 소통하는 대중)의 출현

신 화상 커뮤니티 형성 가능 ㈜구루미가 재미난 서비스를 하는데 그것이 바로 '캠 스터디' 즉 온라인 독서실 서비스입니다. 유료지만 은근 반응이 좋은데 우리가 집에 자기 방이 있는데도 굳이 독서실에 가는 이유와 같습니다. 공부하는 다른 이들에게 동질감과 자극을 받기 위해서죠. 이런 공부 동아리가 새 커뮤니티라면, 앞으로 화상 커뮤니티는 무한대로 늘어날 가능성이 있습니다. 우리 전통 보드게임인 바둑, 장기, 고스톱이 온라인으로 옮겨가면서 훌륭하게 정착했으니 가능할 겁니다.

세미나 기회 확대 오프라인에서 세미나를 하면 돈도 많이 들고 발제자들 시간 맞추기가 아주 고역입니다. 화상 세미나라면 그런 장애가 줄어듭니다. 시간대만 맞는다면 글로벌 세미나도 수월해지지요. 글로벌 강사 초대비도 낮출 수 있고요. 저도 필리핀 고위 공무원들과 화상 강의를 해봤는데 감동이었습니다. 2~3일은 걸릴 시간을 단 두 시간 만에 뚝딱. 그럼 앞으로 세미나 기회가 획기적으로 더 늘어나겠지요.

4. 사업시장 개척

배경 아이콘/캐릭터 등 아이템 개발 저는 게임을 안 하지만 게임에는 굿즈와 아바타 개발 기능 등이 있지요? 게임 디자인, 스토리텔링,

캐릭터 개발 등도 부가적으로 발달했습니다. 화상 사회에서는 그런 산업이 비약적으로 발달할 겁니다. 배경 화면, 포토 이미지(곰돌이 푸. 피카츄. 실버 선장 같은 이미지), 음향/음악 효과 등등.

화상 스튜디오 시장 2020년 말 나훈아 쇼는 스튜디오 내에 엄청난 수의 LED 패널을 만들어 장관을 이루었죠. 학교, 지방 경로당, 낙도 마을회관 등에 이런 스튜디오를 만들어준다면 어떨까요? 수만 개의 스튜디오 건축 산업이 열리지 않을까요?

물론 우려되는 점도 있습니다. 화상 피로감과 해킹 가능성, 그리고 실감 사회의 실종, 이 세 가지가 우려됩니다. 첫 번째, 화상 사회 피로감 증대입니다. 외부를 탐색하는 인간의 눈은 서칭 아이(Searching Eye)와 스캐닝 아이(Scanning Eye)로 구분할 수 있는데 서칭 아이는 무언가를 뚫어지게 탐구하며 보는 눈입니다. 모르는 골목길을 갈 때 운전자는 눈에 불을 켜죠. 반면 스캐닝 아이는 탁 트인 고속도로에서 자가용을 몰 때처럼 뚜렷하게 보기보다는 전 감각적으로 편하게 보는 눈입니다. 그래서 서칭 아이는 신경을 많이 써야 해서 피곤하죠. 화상 회의는 누군가 자신을 본다는 점에서 대체로 서칭 아이를 써야 하니 피곤하기는 합니다(이럴 때 잠시 비디오 기능을 해제하면 됨). 두 번째는 미디어에 늘 제기되는 주제인 '감시와 통제(판옵티콘)'의 문제인데 현재 압도적인 세계 1위 화상 서비스인 줌(ZOOM) 같은 경우는 특히 오너가 중국계 미국인이고 연구소가 중국에 있다는 점이 우려됩니다. 마지막으로 실감 사회의 약화 내지는 실종입니다. 마치 게임 중독 아이들이 집콕만 하는 것 같은 현상이 재연될 소지가 다분하다는 것입니다. 텔레그램 N번 방처럼 포르노 업계에서 어떻게 악용할지 우려되기도 합니다.

미지근한(Warm) 미디어

커뮤니케이션 분야에서 일하면서 저에게 통찰을 준 미디어 이론가는 마셜 맥루언과 《링크》의 저자 알버트 바라바시입니다. 알버트 바라바시는 네트워크 이론가로 멱함수(power function, 지수 함수) 법칙을 따르는 '척도 없는 네트워크(Scale free−Network)', 허브와 노드 개념, 지구인은 최대 6노드(IT 강국 한국은 3.5라고 말하기도 함)로 연결된다는 주장이 획기적이었습니다.

1911년생으로 캐나다 미디어 이론가 겸 문명비평가인 마셜 맥루언은 1962년에 《구텐베르그 은하계》를 발간해 처음으로 '지구촌' 개념을 선보였고 1964년엔 《미디어의 이해》로 "미디어는 메시지다", "미디어는 인간의 확장이다"라는 명언을 했습니다. 미디어를 이곳에서 저곳으로 옮긴다는 뜻에서 돈, 자동차나 광고까지도 미디어 개념을 확대했고 또한 미디어를 단순 명료하게 핫 미디어와 쿨 미디어로 나눴습니다. 월드와이드웹(WWW)의 출현을 예언한 것으로도 유명합니다. 그의 미디어에 대한 이해는 다음의 글로 잘 나타납니다.

"인간의 경제 양식과 이에 동반하는 사회혁명은 미디어에 실린 내용보다는 미디어 그 자체다."("미디어는 메시지다")

그의 주장 가운데 화상 사회 관련해서 주목할 것이 '차가운(Cool) 미디어'와 '뜨거운(Hot) 미디어'의 구분입니다. 쿨은 저해상도, 높은 참여, 전신 감각을 특징으로 하는데 인쇄매체가 그에 해당합니다. 반면 핫 미디어는 고해상도, 낮은 참여, 단일 감각을 특징으로 합니다. 뜨거운 미디어는 정보량이 많아서 수용자는 대상과 거리를 두기 어렵고 그래서 참여성이 낮고 단일 감각이 사용됩니다. 반면 저해상도의 미디어는 정보량이 적어서 수용자가 채워 넣어야 합니다. 참여도가 높고 전신 감각이 사용됩니다. 다음을 보시면 이해가 쉽습니다.

- 차가운 미디어―전화, 만화, 세미나
- 뜨거운 미디어―라디오, 사진, 강연

시각이라는 단일 감각만 사용하는 인쇄기술은 전문 분화를 일으키면서 부족사회를 해체했지만 전신 감각을 쓰는 텔레비전은 전문 분화를 강요하지 않으므로(대중적) 옛 부족사회가 가지고 있던 직감과 통합적 공감력이 살아나 다시 부족사회를 만들었습니다. 이런 재부족화의 결과가 오늘날 지구촌입니다.

코로나19로 인해서 급속도로 사용량이 늘어난 화상 미디어는 구분하자면 '미지근한(Warm) 미디어'에 가깝다고 생각합니다. 사용자들의 수와 참여 방식 때문입니다. 웜 미디어는 해상도(정보량)도 적당하며 사용자와 수용자가 조정이 가능하고 참여도도 운영에 따라 달라집니다. 화상 회식처럼 전신 감각을 써도 되고 필요에 따라서는 웨비나(웹+세미나) 시청처럼 단일 감각을 써도 됩니다. 즉, 사용자/참가자 주도의 쌍방형 미디어라는 점에서 가장 인간적인 온도인 미지근한 미디어라고 판단됩니다.

"서양은 기계화되고 세분화된 과학기술을 통해 '외폭발(Explosion)'을 계속해왔는데 그것이 끝난 지금은 '내폭발(Implosion)'을 일으키고 있다. 기계의 시대에 우리는 그 신체를 공간으로 확장했다. 현재 100년 이상 걸친 전기 기술을 경험하면서 우리는 그 중추신경조직 자체를 지구적 규모로 확장했다. 그 때문에 지구에 관해서는 공간도 시간도 사라져버렸다. 우리는 인간 확장의 최종 모습에 급속하게 다가갈 것이다."《미디어의 이해》

화상 사회의 특징

사실 스마트폰으로도 1:1 영상통화는 가능하지요. 그러나 프라이버시 침해와 예의 문제 때문에 잘 쓰지는 않습니다. 영상통화로 콜 했는데 웁스! 섹스 중? 화장실? 부스스한 머리? 이러면 좀 곤란하지요. 잘못 들이대면 민낯에 여드름, 주근깨, 고릴라처럼 벌름거리는 콧구멍

으아ー. 사무실이나 집, 차의 내부가 밝혀지는 것도 예민한 누군가는 문제지요. 범죄에 악용될 수도 있습니다. 프라이버시를 존중하는 요즘 MZ세대들은 전화 대신 문자로 합니다. 예의를 아는 거죠(단, 비즈니스 토크에서 문자 하나만 달랑 보내는 것은 위험합니다). 아저씨들만 "여보쇼" 하면서 큰 소리로 말하죠. 그런데 화상 사회가 인간 확장의 최종 모습처럼 성큼 다가온 겁니다. 왜 그럴까요? 일단 코로나19 영향(촉발제)은 빼고, 21세기 화상 사회 자체의 특징을 생각해봅니다.

하나는 물론 화상(Image)을 이용한다는 겁니다. 이건 앞에서 영상통화의 문제와 관련되어 설명했습니다. 영상통화의 문제들을 화상 사회는 해결할 수 있습니다. 바로 다중성의 소통 때문입니다. 다중이 참여하는 소통, 이것이 두 번째 특징입니다. 그리고 세 번째가 동의 커뮤니케이션이라는 겁니다. 마케팅의 대가 새스 고딘이《퍼미션 마케팅(Permission Marketing)》에서 말했던 허락/동의 기능이지요. 사람들은 사전 동의가 되면 관대해지고 참여도도 올라갑니다. 이 셋의 특징이 모여 출연에 '동의한', '여러 사람이', '동시 화상에' 등장하기 때문에 영상통화 같은 프라이버시 문제는 거의 없습니다. 네 번째는 영상매체인 유튜브나 틱톡 등과 비교했을 때 나오는 특징입니다. 그 둘과는 달리 화상 커뮤니케이션은 민주주의적인 쌍방향이라는 거죠. 1:1이든 1:10,000이든 화상 회의에 참가한 사람은 누구나 회의 또는 강의 중간에 즉각 참여해서 자신의 의견을 말할 수 있습니다. 굉장히 중요한 특징입니다.

그리고 마지막 다섯 번째, 상징적 장치와 터치 기능이 가능하다는 겁니다. 요것은 김혜성 교수의 《비대면 커뮤니케이션의 8가지 원칙》 중 '6장 비언어적 표현의 활용: 상징 효과'에 소개된 내용에서 힌트를 얻은 것입니다. 책에는 메라비언 교수의 실험 결과가 인용됩니다. UCLA의 메라비언 교수는 커뮤니케이션에 대한 상식을 깨는 실험 결과를 내놓았습니다. 인간의 의사전달 방식은 크게 언어(Verbal), 음성(Tone of Voice), 비언어적 표현(Non-verbal expression)이 있습니다. 여기서 언어란 메시지의 내용이나 단어를 말하고 음성은 목소리의 고저 강약과 속도, 억양 등을 뜻합니다. 그리고 비언어적 표현은 제스처와 보디랭귀지, 외모와 복장, 시각 보조물 등을 말합니다. 어떻습니까, 보통의 교육을 받은 우리는 언어가 훨씬 중요할 거라고 짐작하겠지요? 그런데 각 요소가 우리네 의사전달에 차지하는 비중은 사실은 반대랍니다. 언어 비중은 7%인 데 비해 음성은 38% 그리고 비언어적 표현이 무려 55%를 차지하는 것으로 밝혀졌습니다. IBM은 '블루칩'이라는 단어까지 만들 정도로 블루 컬러 이미지에 집착하는데 그 직원들은 영업을 위해서 엄밀한 프레젠테이션 교육을 받는 것으로도 유명하지만 그들의 깎은 듯이 통일된 복장이 정확, 신뢰, 세련 이미지를 주어 세일에 좋은 영향을 미친 것으로도 유명합니다. K-POP 가수들의 노래 실력도 실력이지만 머신 같은 칼군무, 놀라운 무대 연출 등도 이런 효과를 제대로 보고 있지요.

저는 메라비언 교수의 실험 결과를 액면 곧이곧대로 믿지는 않습니다. 면대면이라 해도 단어와 내용은 여전히 중요합니다. 겉은 형사 콜

롬보나 닥터 후처럼 별 볼 일 없는데 너무 아름다운 언어나 논리, 예지력을 구사해서 사람을 움직인 사례도 많지요. 물론 언어 외에 음성, 비언어적 표현이 생각보다 중요할 수 있다는 결과에는 동의합니다. 바로 이 포인트에서 상징 효과의 강화가 필요해집니다. 불시에 오는 영상통화와는 달리 지정된 시간에 동의한 여러 사람이 같이 참여하는 화상 사회는 김혜성 교수의 지적처럼 여러 상징적 장치를 통해서 자기 기호와 지향성을 드러낼 수 있습니다. 제가 화상 회식에 아프리카 탈과 그림을 배경에 놓은 것처럼요. 기호를 드러낸다는 것은 주체의 관심, 연결, 지속의 의미를 담는 표시행위이죠. 이 기호 드러냄을 통해서 우리는 화상 공동체 사회의 다수 상대와 비교적 '느슨하며 약한(Loose & Weak)' 터치가 가능해집니다. '약한 연대 효과(Weak-tie Effect)'에서 말하는 것처럼. 이러면 우리는 느슨하고 편하게 화상 사회를 맞이할 수 있게 됩니다. 이 상징화는 아바타나 굿즈 개발과 구매처럼 새로운 화상 사업 기회가 될 겁니다.

이상 미래 화상 사회를 주마간산으로 살폈는데 어떤가요? 화상 사회의 도래를 통해서 인간 확장의 최종 모습에 급속하게 다가갈 것 같지 않습니까?

여기서 사족을 하나 붙여 봅니다. 2021년 서울시장 보궐선거에서 지지율 1위를 달리고 있는 더불어민주당의 박영선 후보가 '컴팩트 시티 21' 개념을 제시했습니다. 서울을 25개 권역으로 나누어 도보나 자전거 이용 기준으로 21분 안에 직장과 일상이 같이 하는 도시로 만들겠다는 신(新)구상입니다. 개발과 부동산에만 집중하는 여타 영혼 없는 후보들과는 확연히 차별화되는 구상입니다. 사실 이 구상은 안 이달고 파리 시장이 공약으로 천명한 '15분 도시'와 일맥상통하는 구상으로서 뉴욕, 시드니 등 세계 유수의 도시가 펼치는 새로운 에코 도시 구상도 대부분 이런 개념입니다. 예전에 삼성의 고 이건희 회장도 서울시에 사는 삼성 직원들의 일 효율성이 떨어진다며 출퇴근 20~30분 거리의 생활 도시 개념을 제시한 바 있어서 한국에서도 완전히 낯선 구상은 아닙니다. 저도 사석에서는 1,000만이 모여 사는 과밀도시이며 강남과 강북의 라이프스타일, 가치가 너무 다른 서울시를 파격적으로 강남과 강북 두 개 시로 나누고(分市), 더 나아가서는 각 시에 부심(副心)화를 도입해야 한다고 말했던 입장이라 박영선 후보의 공약은 매우 반가운 내용입니다. 정말 그렇게 되기를 바랍니다.

그런데 그에 대한 선결 조건이 4+1개가 있을 겁니다. 바로 ▲에코 경제 도시의 비전(넷제로와 그린뉴딜 국가 공약을 감안하면) ▲재택근무 활성화(공공기관부터 실시하고 기업은 세금공제, 공간 제공 등 메리트 부여) ▲화상 사회 문화 조성(서울연구원, 서울시설공단, 서울혁신파크의 공동과제) ▲차 없는 거리 확대(1구 1거리)가 그 4개입니다. 이는 고 박원순 시장 때 했던 따릉이 문화와 대중교통 이용 제안보다 한결 진일보한 것입니다. 이러면 시간과 마음의 여유가 생기고 어린이와 맘들은 녹색 미래의 꿈을 꾸며 탄소 발자국이 획기적으로 줄어들어 사람들은 거리로 나올 겁니다. 그리고

+1로는 이들 컴팩트 시티 21에 충전을 위한 핵심 거점 공간, 즉 서울혁신파크, 문화비축기지, 노들섬, 청계천 생태하천, 서울 아레나, 올림픽공원, 여의도공원, 경복궁, 예술의전당, 서울숲 같은 공간을 지금보다 두 배는 활성화해야 진정한 소통이 일어나고 숨통이 열립니다. 지금 이들 공간은 좋은 인프라는 있는데 예산의 턱없는 부족과 위탁기관과 공무원들의 운영 노하우 미흡, 지나친 규제 등으로 활성화되어 있지 않습니다. 4+1, 이들이 없이 공간의 재구성만 가지고는 콤팩트 시티 21 공약 실천은 앙꼬 빠진 찐빵입니다.

화상 사회는 이렇게 우리 삶과 도시를 바꿀 겁니다.

필자 주) 제가 이 책을 탈고하는 중에 미국에서 '클럽하우스'라는 오디오 소셜 네트워크 서비스가 탄생해 선풍적인 인기를 끌고 있고, 한국 기업으로 하이퍼커넥트가 미국 앱 데이팅 전문그룹인 매치그룹에 2조 원에 매각해서 큰 주목을 받고 있습니다. 클럽하우스 인기 이유로는 오디오 기반, 일론 머스크 같은 셀럽 출연, 폐쇄성과 기록 저장 없음 등이 꼽히고 있습니다. 한편 하이퍼커넥트는 동영상 채팅 앱 '아자르'를 개발해서 99% 이용자를 중동 지역(통신 속도가 느리고 단말기 사양이 낮은) 등 해외에서 끌어모았는데 아자르는 230개 국가에서 5.4억 건 이상의 다운로드를 기록하고 있습니다. 앞으로 크게 주목받을 개념이 메타버스(Metaverse, Meta와 Universe의 합성어로 현실과 가상의 경계가 무너진 세계)인데 벌써 유튜브 등에서는 메타버스 서비스 기업들이 투자 대상으로 난리입니다. 메타버스는 통상 4개로 분류됩니다. ▲증강현실 ▲거울 세계 ▲라이프로깅(Lifelogging) 그리고 ▲동물의 숲, 로블록스, 포트나이트, 제페토 같은 가상현실. 화상 솔루션은 이 중 거울 세계에 속하는 기술이고 화상 사회는 그 현상인데 ESG적 가치와 미용실 효과 측면에서 장점이 많지만, 메타버스에서 화상 사회가 더 성장하려면 이들을 참고하고 연계할 필요가 있어 보입니다.

지구특별시와 특별한 공무원

서울은 모든 점에서 매우 중요한 도시입니다. 한국에서 가장 큰 도시고 사회혁신지수로는 세계 8위 도시이며 현대와 전통이 잘 보존된 양가(兩價)의 도시라고도 불립니다. 그런데 여기서 딴지! '서울+특별시'란 말은 이제 권위적으로 들리지 않나요? 물론 '-특별시'는 행정법에 규정된 명칭입니다.

법인인 지방자치단체는 크게 광역지방자치단체와 기초지방자치단체로 구분된다. 광역지방자치단체에는 특별시·광역시·도가 포함되고, 기초지방자치단체에는 시·군·구가 포함된다. 한국에는 유일하게 서울특별시가 있다. 조선시대부터 한국의 수도로 발달해온 서울은 8·15광복 후 1946년 9월 28일 군정법령에 의하여 경기도 관할에서 분리되어 서울특별자유시가 되었고, 1949년 8월 15일 지방자치법이 시행됨에 따라서 서울특별시로 개칭되었다. 1962년 2월 1일 '서울특별시 행정에 관한 특별조치법'에 의하여 내무부 직속의 다른 도와는 달리 국무총리 직속으로 그 지위가 승격되었다. 서울을 특별시로 정하고 그 지위를 승격시킨 이유는 중앙 각 부처의 지휘와 감독권을 제한하여 수도 행정의 독자적인 특성을 더욱더 발전시키기 위한 것이었다. 1991년 5월 31일 제정·공포된 '서울특별시 행정특례에 관한 법률'에 의하면 "서울특별시는 정부의 직할하에 두되 이 법이 정하는 범위 안에서 수도로서의 특수한 지위를 가진다."(두산백과)

1991년이면 30년 전에 규정된 거네요. 민주주의와 지방자치와 분권을 주장하는 지금 시대에서 '한국에서 서울은 특별하다.' 이게 여전히 맞을까요? 워싱턴, 파리, 도쿄에는 특별시라는 구분이 붙나요? 뭐가 그리 특별한가요? 저는 어릴 적에 충주에 살았는데 동네에 서울 아이가 왔다고 하면 일단 기죽어야 했습니다. 그 아이가 하필 흰 얼굴이고 구두를 신었고 충주에서는 보지도 못했던 노란색 바나나를 먹고 있다면 그저 선망의 아이였습니다. 그런 서울시 특별함이 불편하기도 했습니다. 보통의 지방 사람들은 서울 사람을 서울깍쟁이로 불렀었지요. 지금도 지방에 가면 그렇게 좋은 인상이 아닙니다. 그래서 기왕 특별할 바에야 영토를 아예 넓혀서 '서울지구특별시'로 바꾸면 차라리 수용하겠습니다. 아, 세종시도 '세종특별자치시'라고 특별+자치를 넣었네요. 그렇게 이름을 바꾸면 행정법 취지도 계승하면시 서울시 미선이 뭔가

업그레이드되는 느낌이 팍 오지요!

특별해야 특별하다

서울시 시장 선거가 되면 늘 갓뎀 부동산 개발과 교육 이슈가 핵심 공약으로 올라옵니다. 부동산이면 역세권 개발, 개발 확대로 청년/무주택자 주거 안정, 뉴타운 개발, 지하철 연장… 이런 것들이죠. 이런 주요 공약들로, 이런 토목형 공약이 과연 특별시일까요? 특별하다는 것이 부동산 가격이 특별하다는 건가요? 예, 물론 전국에서 특별히 비쌉니다. 싸이가 미친 듯이 찬양했던 강남은 아마도 세계에서도 비싼 도심 중 하나일 겁니다. 그런데 강남 1번지는 어떤 점에서 1번지인가요? 학원 많고 비싸고 위장 이전의 소굴이고 텐프로(10%) 환락가 많고 몰 천국인 강남이 과연 한국의 1번지라는 게 자랑스러운가요? 우리는 사실 '특별(special)하다'란 말을 덩치가 크다고 아무 데나 붙이지는 않지요. 한국인이라면 서울시는 한국을 위해 더, 더 특별한 미션을 수행하는 도시이길 기대할 겁니다. 과거에는 서울이 '한강의 기적' 미션을 수행했습니다. 네, 그 당시에는 좀 특별한 역할을 확실히 했습니다. 이제 2.0버전으로 특별하려면 그런 유형의 것, 가격으로 평가되는 것은 지양할 때가 되지 않았을까요? 뭐 별칭이거나 아니면 슬로건으로 21세기 서울시 체면을 올려줄 다른 말 없을까요?

이 구상은 사실 술자리에서 우연히 나왔습니다. 정치 컨설팅을 하는 후배와 이야기하다가 제가 '지구를 생각하는 사람들'을 혁신파크의 주요 프로젝트로 가져갈 생각이라고 했더니 후배가 삘을 받았는지 갑자기 자리에서 일어나 나갑니다. 그리고 금세 들어오더니 "서울=지구특별시 어때요?" 합니다. 이 후배 많이 컸습니다.

1,000만 지구특별시민 여러분

전국에서 가장 돈 많고 학벌 좋고, 최고 대학 많고, 청년벤처 많고, 한강의 역사가 있고, 전환도시, 2050년 팹 시티(Fab City)* 선언, 공유(Commons)도시 개념을 추진하고 있고, 외국인이 제일 많이 오는 서울시는 앞으로 '지구특별시', 어떻습니까?

지금 지구의 특별한 관심이 뭐지요? 2050년까지 지구 기온을 0.5℃ 상승으로 막아서 지구 파국을 피하는 것입니다. 맞지요? 서울시 집값, 역세권 미드타운 개발이 아니라요. 그것을 인구 2만~3만 지방에서 하나요, 아니면 서울 같은 대도시에서 해야 하나요. 서울이 하면 최소한 부산, 인천, 광주, 대구 같은 곳이 벤치마킹을 하니 한국 인구 3,000만은 움직일 수 있습니다. 서울이 '전환도시' 어쩌고 하니 전국 도시에서 벌써 '전환', '전환' 합니다. 청년 기본소득을 고민하니 경기도에서 잽싸게 실행합니다. 어떤 게 지구특별시일까요? 그건 여러분 마음에 있을

---

* 팹 시티는 2050년 도시의 자급자족률을 50%까지 올리겠다고 선언한 도시를 말하며, 스페인 빌바오에서 최초로 선언됐고 서울시도 동참을 선언했습니다.

겁니다. 기후위기의 핵심은 탄소 문제지요? 탄소를 발생시키는 데 도시가 핵심 원인 제공자인데 시민이 조금씩 힘을 보태 막을 수 있는 것을 하면 세계에서 특별한 그리고 지구가 땡큐하는 지구특별시가 되지 않을까요. 이를 위해 저마다 할 일이 있습니다.

1. 시(市)

- 25개 각 구, 종합대학교, 대규모 아파트에는 각각 미드타운 건설 대신, 상업 존(Zone) 대신, 배달 경제로 2년이면 폐허가 되는 상가 대신 혁신파크를 설립해서 운영하고
- 공동물(Commons)** 을 확대할 것이며
- 초등학교 때부터 지구를 생각하는 교육과 실천을 습관화하고
- 소모성 축제나 몰(Mall) 대신 ESG 축제로 전환하고 소비성 높은 몰은 몰세(Tax)를 몰아주고
- 거리에는 차 없는 거리를 확대하고(일단 주말이라도), 민간 자전거 회사를 대폭 지원하고 1가구 2차량은 중과세를 하고, 전기차 충전소를 지금보다 10배 더 늘리고
- 건물 일체형 태양광인 BIPV*** 를 대폭 확대해 산림과 조경 파괴

** 공동물은 소유는 다른 사람이 하고 사용만 같이하는 '공유(Sharing)'와는 달리 소유를 같이하는 물건이나 재화를 일컫는 말입니다. 예전 마을공동체의 마을 우물이 대표적입니다. 동(洞, 물을 같이 쓰는 마을)의 개념이 여기서 나왔습니다. 마을공동체 지원센터에서 추진하는 건물 자산화 운동 등이 이에 해당합니다.

를 막고

- 도시 농업으로 자급자족과 시민들의 비탄소 농업 기회를 늘리고
- 시는 지금 중랑구에 있는 새활용플라자 모델을 구(區)마다 확대 운영하고, 그걸로 청년/50+/경단녀 새 일자리를 만들고
- 지구특별시 사는 자부심 대신 '지구세(Earth Tax)' 부과

2. 기업

- 탄소를 덜 쓰는 화상 사회를 주체적으로 늘리고
- 재택근무를 연 1개월 이상으로 의무적으로 늘리고, 부도심에 기업 워크플레이스를 늘려 직장인의 이동 거리와 시간을 줄이고(시는 법인세 감면 등 혜택 부여)
- 건물 자꾸 새로 짓지 말고 리모델링을 하고
- 대안 에너지/스마트팜/절전/풍력·태양열 발전/옥상 농장 등 에코 빌딩으로 환원 내지 리모델링하고(강동구청이 좋은 예)
- 당근 마켓처럼 지역경제와 중고 활용 경제를 확대 지원하고
- 파타고니아, 이케아, 프라이탁처럼 ESG 활동을 강화하고
- 브랜딩 의사결정에 MZ세대(공정, 환경 중시) 비중을 늘림

*** BIPV(Building Integrated Photovoltaic System)는 태양광 에너지로 전기를 생산하여 소비자에게 공급하는 것 외에 건물 일체형 태양광 모듈을 건축물 외장재로 사용하는 태양광 발전 시스템입니다.

3. 시민

- 가능하면 도보나 자전거를 타고 다니고

- 음식물 쓰레기를 30% 줄이는 노하우를 찾아 공유하고

- 어린 자식부터 영어 이전에 지구 생각 교육을 실천하며

- 플라스틱을 양산하는 일회용, 과대 포장, 패스트 패션 구매를 획기적으로 줄이고

- 집집마다 재봉틀, 식물재배기, 실내 농장을 만들어 가내 경제로 전환하고 아이들에게 직접 만드는 지혜를 키워주고

- 지자체에 공방(목공, 팹랩, 텍스타일 등), 공구 뱅크 조성을 요구하여 소비 대신 셀프 메이커 운동에 참여해 대/외국기업 제품의 글로벌 탄소 마일리지를 줄이고

- 책, 장난감 등 중고품은 문화재생을 시도하거나 새활용플라자 등에 보내고

- 탄소를 배출하는 동물육 대신 식물성 고기 섭취를 늘리고

- 주말과 방학/휴가면 비행기 타는 해외여행보다 지역으로 내려가 농촌을 돕고 또 귀촌한 전(前) 도시인들은 그들과 연계하여 이도향촌(移都向村, 도시를 떠나 지방으로 감) 기회를 만들어주고

- 생협 같은 협동조합에 1인 1조합 이상 참가(덴마크, 노르웨이 등)해 마을공동체 주도성을 높이고…

이렇게 하면 지구 메갈로시티들 중에 드문 특별시가 됩니다. 빌바

오, 뉴욕, 파리는 이미 시작했습니다. 도쿄, 베이징은 멀었고요. 그러면 지구특별시 집값도 아주 아름답게 올라갈지 모르지요. 외국인 여행의 질도 바뀔 거고요. 이게 단군이 말한 홍익인간, 제세이화, 김구 선생이 소망한 문화가 강한 나라의 21세기 정신이고 문화겠지요.

4. 공무원

2021년 J일보 1면 제목이 "인구감소 시대 공무원 9만 명 늘린 문 정부"라고 헤드라인을 뽑았습니다. 나라를 걱정하는 유력지 입장에서 걱정이 많은 모양입니다. 걱정의 근거로는 공무원이 한 명 늘면 민간 일자리 1.5개가 사라진다는 경제협력개발기구(OECD)의 통계, 그리고 공무원 시험을 준비하는 공시족이 25만 명이나 되는 상황에서 공시 낭인 양산 가능성(현대경제연구원은 이들이 경제활동에 참여하지 않으면서 발생하는 생산과 소비의 순기회비용이 연간 17조 1,430원으로 추산), 이렇게 뽑은 공무원의 '철밥통화(化)'로 경영 부실 초래 등을 이유로 들었습니다.

네, 그 애국지정은 알겠지만 '프레임을 세워서 몰아붙이는 것은 여전하군' 하는 생각을 하게 됩니다. 일단 공무원이 늘어나는 이유는 청년 실업 해소와 대국민 돌봄 서비스 확대를 위해서입니다. 신문은 이 이유를 1줄만 쓰고 훅 넘어갑니다. 세계적으로도 공공부문 일자리는 늘어나는 추세입니다. AI시대가 오면 불안한 일자리를 공공에서 좀 잡아줘야 할 필요도 있을 겁니다. 신문에는 그 비교가 없습니다. 철밥통을 우려하는데 그런 거 하지 않게 견제하라고 신문이 있는 겁니다. 자신들의 역할은 하지 않고 비난만 하고 있습니다.

　문제는 공무원이 느는 것이 아니라 공무원이 제대로 일하게 만드는 제도와 문화의 정착입니다. 공무원들의 최대 관심사는 승진입니다. 승진하려면 임기 중 혁신보다는 무사고여야 합니다. MCN 공무원은 진짜로 미친놈 됩니다. 민원을 무서워하고 평가를 무서워하고 고리타분한 규정집을 신봉합니다. 그래서 출근할 때 영혼을 빼놓고 나온다는 자조의 소리가 나옵니다. 그들의 문제는 구조적으로 많지만 하나는 그들이 규정을 달달 외운 시험으로 들어온 사람들이라는 겁니다. 그래서 이미 시대에 맞지 않는 규정만 열심히 숭배한다는 것이죠.

　조례 같은 규정은 발효되는 순간 이미 진부한 것이 되는 속도의 세상입니다. 하기 싫어도 세상은 혁신이 세 끼 밥처럼 일어나고 있습니다. 그런데도 혁신파크를 훌륭하게 만들어놓고는 가장 비혁신적인 '지·도·점·검'을 합니다. 시험 쳐서 들어온 공무원들이 감히 혁신을 지도하다뇨? MIT 미디어랩에 공무원이 지도점검 나온다는 소리는 들어보지 못했습니다. 어느 정도의 기준만 잡고 기업이나 시민사회에 일정 부분 혁신 역할을 넘길 필요가 있다는 겁니다.

　둘째는 갓뎀 보직 순환 문제입니다. 부패와 봐주기를 막겠다는 훌륭한 취지지만 부작용으로 이러면 전문가가 안 나오고 책임감이 없습니다. 제일기획은 한 AE가 특정 클라이언트를 보통 5~10년 담당합니다. 그러니 클라이언트 전문가가 됩니다. 광고주 직원이 바뀌어도 AE는 안 바뀝니다. 그런 관계니까 우수사례가 많이 나옵니다. 공공은 이를 보완하려고 위원회도 만들고 전문가 어공(어쩌다 공무원, 민간 출신 공무원)도 뽑습니다만. 계약직이라 기간도 짧고 늘공(연금 공무원)이 절대적 다수인 상황에서 효과는 제한적입니다.

그리고 서울시로 국한하면 시에 혁신국을 두어 사회혁신 제도화를 시도했는데 이것이 시민사회 출신 1~2인의 고위 공직자(어공)에게만 책임이 맡겨져 혁신 기풍과 문화가 시 공무원 사회 전체에 확산이 안 되는 한계가 있습니다. 사실 서울시 공무원 정도면 어려운 시험을 쳐서 들어온 인재들입니다. 그런 그들이 세월이 가면 공무원 갈라파고스에서 고립 진화하며 자조하는 이유들이 위와 같습니다. 제도와 문화 탓이 크지요. 그런데 지위가 올라가면 권위의식이 세지면서 스스로 세상을 돌보는 정의의 파수꾼 같은 착각이 만들어져 갑질하는데 이것은 그 공무원의 셀프 죄입니다.

특별한 공무원을 위한 시장 직속 MCN실

그럼 지구특별시 공무원이 잘할 수 있도록 어떻게 제도와 문화로 도울까요? 문제 속에 답 있는 법이니 위 문제들을 뒤집으면 답이 나옵니다. 공무원 사회 철밥통이 너무 단단하므로 변화는 해머로 돌을 깨는 심정으로 엉뚱하고 파격적으로 해야 합니다. 예를 들면,

- 시장 직속 MCN실(부드럽게 표현하면 '변화혁신실') 신설

: 4급 승진 대상 공무원이 MCN 짓을 한 번도 안 했으면 무조건 감점

: 그해의 우수 MCN 행위 시 홈피에 공람

: 부서별 유효 업무 평가. 불필요한 업무 제거 및 해당 공무원 서비스 직으로 전직

: 산하기관의 해당 부처 역(逆) 지도점검 실시. 지금 기업도 부하가 상사 평가하는 크로스 평가를 실행합니다. 그래야 공무원 일방적인 갑질 지도점검이 없어집니다.

• 서울시 3인 부시장 중 1인을 ESG 전문가로 환경단체에서 추천 '지구특별부시장'으로 운영

: 연간 ESG 활동 보고서를 시 홈피에 게첨

: 4급 이상 공무원 ESG(지속 감수성) 활동 평가

• 문화, 혁신, AI/IOT 등 전문성이 필요한 부서에 3~5년까지 근무자 누진 가점

• 10년 한시법으로 평가 하위 5% '놀타(놀면서 월급만 타가는) 공무원 해고제' 시행

• 비용 증가 억제와 워라밸 문화 개선

: 공무원이 늘어나면서 비용이 늘어나는 것을 막기 위해 유연 근무/평

가제 시행. 월 20시간, 30시간, 48시간 근무자로 나눠 급여 차등 지급
: 자기 혁신을 위한 안식년 제도 시행; 초기 10년, 그 후 5년 단위로 1
년간 휴직. 급여 80% 제공/ 부업 가능. 혁신적 기획안을 담은 원고
제출. 평가점수 80점 미만 경우 감봉

• 민간 기업/ 단체 25년 이상(이들은 별로 사심이 없음)의 경력자 출신
고위(3급 이상) 계약직 공무원 비중 확대

이상의 내용을 가지고 시민투표에 붙여 선별적 단계적으로 시행해
보는 겁니다. 어떻게 해도 공무원은 안 움직일 거라고요? 글쎄요. 이스
라엘 공무원들은 왜 효율적이고 창조적일까요? 안 그러면 나라가 망하
고 자신도 죽으니까요. 중소벤처기업부, 관광공사 공무원들은 왜 잘할
까요? 세종 때 집현전 공무원들은 왜 세상을 바꿨을까요?

공무원들에게 가혹하다고요? 정말 실력 있고 영혼 있는 공무원은 오
히려 이런 변화를 환영할 겁니다. 지금은 옥석이 구분이 안 됩니다. 그
래도 정말 힘들다면 앞에서 말한 그 신문이 우려했던 공시족은 확 줄겠
군요. 지구특별시와 특별한 공무원 파이팅입니다.

쓰레기 줍는 센터장과 100개의 변화

서울혁신파크 센터장인 제 별명이 '쓰레기 줍는 센터장'입니다. 취임 첫발부터 파크의 쓰레기를 줍기 시작해서 생긴 별명입니다. 저는 "주인만이 쓰레기를 줍는다"는 명제를 실천한 겁니다. 고 박원순 시장도 서울시 각 구청장들에게 쓰레기부터 주우라고 했다고 합니다. 저는 취임후 이상 행동을 많이 했는데 그중의 하나가 업무보고를 받기 전에 먼저 미화원, 경비원들 휴게실을 점검하고 그들의 애로를 청취한 겁니다. 그러고 그분들 생일에 꽃바구니와 현금 2만 원을 1년 반 동안 드렸습니다. 물론 사비로요. 파크를 찾는 분들이 제일 먼저 느끼는 대상이 바로 그분들이고 그들은 제일 아래층 분들이니 그들에게 잘 해드려야 합니다.

이제 2019년 7월부터 1년 반 동안 제가 일으킨 100개의 변화를 말씀드리려 합니다. 그것도 아무것도 할 수 없다던 코로나19 기간 중에 한 겁니다. 제 자랑이지만 동시에 서울혁신파크 자랑이니 좀 하겠습니다. DDP, 문화비축기지, 다시세운상가, 서울수목원, 서울숲, 서울로7017, 노들섬, 청계천, 새활용플라자 등의 공간을 운영하는 서울시를 포함해서 전국에서 공간을 관리하는 대표와 간부들에게 레알 참고가 되었으면 하는 마음에서 전해드립니다. 키워드는 ▲사람 ▲공간의 코드 설정 ▲올바른 미션과 비전 정립 ▲실행조직 구축입니다. 그 네 개의 키워드에 따라서 부문별로 한 일을 나열해보겠습니다. 이는 4개의 웨어(-ware) 즉 하드웨어, 소프트웨어, 휴먼웨어, 콘텐츠웨어의 변화이기도 합니다.

미션과 비전

- 5주년 기념행사 개최
- 4개월간 준비하여 '지속 가능한 사회를 위한 글로벌 혁신 생산기지' 미션과 4개의 비전 선포
- 5년간 입주단체 핵심 성과 정리 및 성과집 제작
- 일반 시민용《미래를 만져보실래요》출간
- 비전, 문화, 지역, 혁신그룹 네 개 섹션 방으로 구성된 '우리들의 역사관' 조성
- 명예의 전당을 만들어 우수 입주단체 11개 선정 시상 및 비전 룸에 헌액
- 일종의 지역화폐인 혁신 코인을 만들어 증정
- '파크인의 약속' 문화헌장 제정

공간 조성

- 4개월간 입주단체와 협의하여 중앙광장을 차 없는 거리로 지정 운영, 주차비 2배 인상. 자전거와 킥보드 타기 권장. 그러자 아이들과 맘들이 대거 출현

- 잔디광장 조성
- 음악이 흐르는 피아노 숲 운영(피아노는 제 아내 것을 기증)
- 혁신광장을 잔디광장으로 조성
- 유튜브 시대에 맞게 영상 스튜디오 설치
- 서양화가인 미화반장과 녹슨 철문에 〈해리포터〉, 〈이상한 나라의 앨리스〉 등 모티프로 4개의 아트 문 그림
- 파크 전 화장실에 재미난 문구와 인사이트 글판 게첩
- 화분 200개를 구입해서 공간 곳곳에 비치, 식물이 있는 공간 이미지 조성
- 상상청 앞 블록을 깨서 2개의 화단 조성
- 혁신센터 입구를 개조해서 공간 마중을 만들고 그 안에 수직 실내 농장 조성
- 홍보관 내에 XR(Extended Reality, 확장현실) 프로젝션을 설치해서 입주 단체 직원, 지역 아이들과 맘의 창의/명상/쉼터로 리모델링
- 파크의 핵심가치를 담은 현수막을 주요 건물 외벽에 설치. 동시에 입주단체 개별 현수막/ 재활용 불가 배너 등 설치 금지

전환도시 대표 프로젝트 — '지구를 생각하는 파크' 설정 운영
- 지구 집현전 조성으로 국내외 사회혁신 연구, 교육, 출판, 홍보 기능을 담당
- 청소년 전자도서관 개설(신한카드와 LG U+ 후원)

- 퍼머컬처링 기법의 키친 가든인 지구 정원 조성
- 로컬 이코노미와 도시농업을 실천할 지구 카페 운영
- 미래청 주위에 17종 한국 고유의 약초를 재배하는 '미래청 포위 작전' 실행
- 영상 스튜디오에서 '지구를 생각하는 사람들' 온라인 시리즈 강의 실시
- 서울숲과 협업하여 쉬나무 150그루 식재
- 불광동 먹자골목에 전환타운의 일환인 혁신나눔 왓에버 사업으로 4개 업체 BI 지원
- 무포장 샵인 '없는 가게' 운영
- 절전형 LED 조명 장비를 파크 곳곳에 설치(서울시 사회적 조명팀 후원)
- 배추, 작약, 겨울 청보리(예정) 등 텃밭 농사로 도시농업 개념 실천
- 글로벌 팹랩 단체들이 플라스틱을 녹여 업사이클링 하는 '프레셔스 플라스틱' 장비 제작 및 협업 프로젝트 실시

조직과 사람

- 국내 유일 웃음문화팀 신설, 지역 협력−시민소통팀 운영
- 블록체인, 디지털리터러시 교육으로 직원 역량 강화. 극단 '벼랑 끝 날다'와 예술 치유로 직원 힐링
- 팀장 이상과 홍보문화팀 대상으로 남이섬, 스카이72 골프 앤 리조트 방문 벤치마킹
- 지역협력팀 직원들 서울시 핫플레이스 10여 군데와 부산, 광주 등 탐

방 리포트 작성

- 스페인, 파리, 덴마크, 대만 등을 방문 각각 팹시티, 옥상문화, 사회혁신 등 조사
- 서양화가이기도 한 미화반장에게 작업실 제공 및 파크 웃음문화 협업 전시회 제공, 성악가 겸 피아니스트인 전기팀장에게 특강 및 피아노 숲 음악 프로그램 운영권 부여
- '더 나은 파크'를 위한 아이디어 수시 공모
- 재택근무 선제적 시행과 유연근무제
- 매주 목요일 '빵 데이' 실시, 여름엔 센터장 방 냉장고 아이스크림 아무나 먹기
- 파크 청소, 식재, 잔디 뽑기. 벽화 그리기, 돌탑 쌓기 등 연 2회 그린 데이 시행

입주단체 변화

- 2회에 걸친 입주단체 공모를 통해 민주주의 관련, 공동체 관련, 전환도시 관련 입주단체 구성에서 4차산업 혁명기술과 전환도시 비전을 공유하는 입주단체 비중 강화

  예) 구루미, RPO, 플랜트제닉, 맛있는 정원, 디지털리터러시교육협회
- 프로그램 형(型) 입주단체 전체 유료화 전환 및 활동 성과 강화
- 1기 입주단체 90% 이상 발전적 퇴거로 사회혁신 순환구조 마련
- 입주단체를 미래 식문화, 업사이클링, 소셜임팩트 투자 등으로 클러스

터링(Clustering)해서 대기업과 협업 체제 구축

- 코워킹 스페이스 기능 강화
- 입주단체별 협업 기회 제공 강화
- 격주 '참 편한 토크', '웃음 파크' 등 실시로 편하게 상호 소통 채널 확보
- '층별 매니저' 제도 시행(이것은 잘되지 않았음)
- 홈피에 '혁신 멤버스'로 동향 정보 제공, 영상 스튜디오, 이노베이션 로드(마켓)를 통해 자사 홍보 기회 부여
- 활동 테마로 묶어 업무협약 기업(예: 강원랜드, 풀무원 등)과 코워킹 기회 제공

업무협약과 대외 연결 활동

- 덴마크 옥상공원협회, 대만 타이준 혁신센터
- LG전자 스마트시티 사업본부, 한국에너지공사, ㈜강원랜드, SK행복나눔재단, ㈜대학내일, ㈜디지털리터러시교육협회, 경희사이버대학교, 춘천/전주/대전/제주 혁신센터, 우리치과
- 향후 추진 예정(풀무원, KT&G 상상유니브, 교보문고, 대전마케팅공사, 경북경제진흥원, 파타고니아 코리아, 당근마켓, 지구 컴퍼니 등)
- '원더랜드 프로그램' 실시
  : 각국 대사관 직원들을 초대해서 파크의 세미나실, 메이커 체험공간, 옥상과 연수동을 연결하고 은평구 내 진관사 사찰문화와 북한산 둘레길을 연계하는 1박 2일 프로그램. 기업 대상으로 넓히고 유료화 예정

홍보 2.0

제가 마케팅과 광고/축제 전문가라고 생각해서인지 관련 부서 직원들이 긴장하더군요. 그런데 저는 사실 그 일들은 별로 개입하지 않습니다. 나이가 제법 있는 제가 자꾸 개입하면 시대에 뒤떨어지기 마련입니다. 대신 다음을 강조했습니다.

"콘텐츠가 없는데 홍보만 열심히 하면 그건 사기다. 콘텐츠가 있는데 홍보를 못하면 그건 바보다. 우리는 홍보비가 없다. 콘텐츠 스스로가 홍보하게 하자."

- 뉴스레터 등 기존의 텍스트 위주 홍보를 페이스북, 인스타그램, 유튜브 등 영상과 시각 콘텐츠 중심으로 전환
- 영상 스튜디오 집중 활용
- 〈전설의 메이커〉, 〈선을 넘는 혁신가〉 등 영상 시리즈 제작 배포
- 블로그 연계
- 중앙일보, 한겨레 등에 전면 홍보 기사 노출
- BBC, JTBC, '활명수' 등 다양한 전파 채널에 홍보
- 개인별 SNS 활동 독려

이상이 그 100개의 변화 프로그램들입니다. 서울시 예산으로 한 큰 공사들, 2개 노조와의 갈등과 화해, 수많은 민원과 청원들, 그 외 발목

을 잡았던 잡다한 일들은 뺐습니다. 돌아보면 생각보다 많이 저질렀습니다. 공공분야가 아니고, 서울시의 이상한 "안 된다, 안 돼"라는 반혁신 규제가 좀 풀리고, 예산만 더 있었어도 훨씬 더 많이 그리고 강하게 했을 겁니다. 어떤 것('지구를 생각하는…' 시리즈, '차 없는 거리', '입주단체 클러스터링과 기업 연계' 등)은 매우 비중 있는 일이고 어떤 것은 소소하지만 서로 웃고 정을 느끼게 하는 프로그램입니다. 중요한 것은 미션과 비전을 놓지 않으면서도 꾀, 깡, 끼… MCN 정신으로 일단 해보는 겁니다. 좋으면 계속 가고 아니면 빨리 접어야 합니다. 미래학자면서 MCN인 다니엘 핑크가 그랬죠. "크게 그리고 작게 시작하고 빨리 접고 그리고 판을 키워라(Think Big, Start Small, Stop Quickly, Scale Up)"라고요.

이 모든 것을 같이했던 90여 센터 직원들, 1,300여 서울혁신파크 입주단체 분들이 있어 참 고맙고 행복했습니다.

MCN의 커뮤니티 *

사례 1_ 홍대 앞 피카소 거리에 있는 상상마당은 2007년 9월에 개관해서 만 14년, 이제는 홍대 앞 랜드마크가 되었습니다. 기존에 만화, 음악, 사진, 영화 등 대학생 창작 콘텐츠 사이트였던 '온라인 상상마당'을 오프라인으로 확장한 복합문화센터입니다. 지상 7층, 지하 4층 건물로 지상은 디자인 소품 몰, 상설 예술 전시관, 스튜디오, 아카데미, 카페 겸 레스토랑으로 되어 있고 지하는 밴드 공연장과 독립 영화관으로 운영합니다. 월평균 3만 명 정도가 방문하는데 주로 대학생, 문화인들입니다. 현재는 논산에 폐교를 개조해 만든 논산예술학교와 1980년대에 박수근 건축가가 설계한 춘천 어린이회관을 개조해 2014년 4월 개관한 춘천 상상마당, 그리고 부산 상상마당까지 확대했습니다.

사례 2_ 2006년 IBM은 '이노베이션 잼(Innovation Jam)' 프로그램을 온라인에 론칭하고 고객과 컨설턴트, 직원 가족 등을 포함해 10만 명이 넘는 사람을 초대했습니다. 온라인에서 서명한 참가자는 물류시스템 개선, 무역, 건강관리, 환경, 재정 문제 등 미래와 관련된 아이디어

---

* 이 소론은 2014년 10월호 《DBR》 No.162의 '브랜드 커뮤니티' 특집에 실린 내용을 2021년에 맞게 업데이트한 내용입니다.

에 대해 자유롭게 토론할 기회를 얻습니다. IBM은 동영상, 가상 여행, 흥미진진한 신기술에 관련한 정보를 제공했습니다. 오픈 소싱 수준까지는 아니지만 회사는 내부에서 얻기 힘든 다양한 의견을 얻을 수 있고 기업이 전략을 짜기 위해 사용하는 관리 과정을 참신하게 바꾸었다는 평을 받았습니다. 게리 해멀의 《경영의 미래》에서 '새로운 원칙을 만들어라' 중 유전자 풀(Pool)을 넓힌 사례입니다.

사례 3_ 1983년에 결성된 '할리 오너스 그룹(H.O.G.)'은 할리 데이비슨이 재정상 어려움을 겪자 모터사이클 투어링 행사인 'HOG 랠리'를 개최하는 등 열성적인 활동을 벌였습니다. 이 호그(HOG)는 위기에 빠진 할리 데이비슨을 살리는 데 든든한 후원자이자 배후자 역할을 해냈습니다. 남부 캘리포니아에서 뉴욕, 새크라멘토 마일에서 캐나다 밴쿠버까지 랠리가 있었고, 그 이후 HOG의 인기는 높아졌고, 1984년에는 완전한 랠리 프로그램이 자리 잡아 전국적인 행사가 되었습니다. 이 행사는 미국 전역의 모든 멤버들을 하나로 연결하는 역할을 했습니다. 처음에는 3,000명으로 멤버가 한정되었으나 1985년에는 34개 지역 6만 3,000명으로 늘어났습니다. 이후 'Ladies of Harley'가 창립되었고, 사진과 각종 랠리와 행사 일정 등을 다룬 《H.O.G. Tales》 잡지가 발행되었습니다. 현재 호그는 전 세계로 퍼져 나라마다 지부와 수십만 회원이 만들어졌고 활발하게 활동하고 있습니다.

사례 4_ '월가를 점령하라' 운동은 온라인 잡지 《애드버스터스》가 2011년 7월 13일 트위터 등 SNS를 통해 제안하면서 그해 9월 17일부터 시작된 시위입니다. 보스턴, 워싱턴 D.C. 등 미국 주요 도시로 번져나가며 규모가 커졌습니다. 시위대는 10월 15일을 '국제 행동의 날'로 지정하여 시위를 세계로 파급시켰는데(이 활동엔 'Political Hackathon'이라는, 특정 지휘자 없이 움직이는 소셜 미디어 군단이 있었음) 이날 82개국 900여 도시에서 유사 시위가 동시다발적으로 발생해 '1% 대 99%'라는 빈부격차에 대한 공감과 분노가 세계적 현상임을 반영했습니다. 그들의 직접적인 불만은 2008년 금융위기 이후 누적된 상대적 박탈감에 기인합니다. 미국 정부는 2008년 리먼 브라더스 사태 이후 금융회사 등을 살리기 위해 천문학적 규모의 구제금융을 월가에 투입했으나, 월가 금융회사들은 보너스만으로 200억 달러를 나눠 가졌던 반면 2011년 8월 말 압류주택 통보를 받은 주택은 9개월 연속 증가하는 등 국민의 삶은 갈수록 피폐해졌던 겁니다. 시위대가 2011년 11월 경찰에 의해 해산되면서 시위는 사실상 73일 만에 일단 막을 내렸지만 2012년 11월부터 각 나라에서는 '빚 탕감 운동'을 주도하는 '롤링 주빌리' 운동 그리고 2021년엔 일명 서학개미들이 비디오 게임 소매체인 기업인 게임스톱의 주식을 사서 금융세력들의 공매도에 저항하기 캠페인으로 계속 이어지고 있습니다.

이상 네 개의 사례는 목적이나 발생 원인, 운영 방식 등의 차이는 있지만 기업과 관련한 커뮤니티 활동이라는 점에서 공통점을 가집니다. 마지막 네 번째 사례가 기업과 무슨 상관인가 싶지만 원인이 미국 금융 회사들로 촉발된 것이므로 기업과 무관하지 않습니다.

이 중 사례 1인 'KT&G 상상마당'은 나름 MCN이었던 제가 직접 관여했던 커뮤니티고 한국 기업 문화전략 사상 드문 사례라 부연 설명을 하겠습니다. 홍대 앞 상상마당의 전(前) 버전은 '온라인 상상마당'이지만 뿌리는 더 깁니다.

2부 '절망과 희망 사이'에 소개된 서태지와 상상체험단 프로젝트가 그 뿌리입니다. 그 프로젝트는 회사에 두 개의 반성을 남겼습니다. 하나는 큰 비용 대비 일회성 이벤트라는 점과 또 하나는 대규모 참가자가 국경을 넘어 이동하는 것이라 리스크가 너무 컸다는 점입니다.

그래서 후속으로 기획된 것이 온라인상에 상상을 실현하자는 '온라인 상상마당' 사이트 오픈이었습니다. '상상' 콘셉트를 유지하면서 작게 꾸준히 가자는 것이었죠. 상상은 아주 많지만 그중에서도 대학생들의 '풀뿌리 콘텐츠 상상'에 초점을 맞췄던 사이트였습니다. 대학생들의 창작 열정은 기대 이상 높은 것이어서 사이트는 오픈 2년이 되기도 전에 대학생 선호 톱위 사이트 위상을 갖게 됐습니다. 그런데 온라인은 관리 비용이 적게 들고 접근성이 뛰어나긴 하지만 상상의 랜드마크가 되긴 반쪽이었고 참여자가 제한되고 또한 '콘택트 강도'가 약한 아쉬움도 있었습니다.

그래서 두 가지 갈레로 온라인 상상마당은 진화하게 됩니다. 하나가 홍대 앞 '문화 플래닛 – 상상마당'이고, 다른 하나는 지금 대학생 누적 50만 명 정도의 온라인 회원을 확보한 '상상 유니브'입니다. 상상 유니브에서는 다양한 문화체험과 창작 지원, 국내외 사회봉사와 농촌 체험 그리고 창업과 취업 지원 등이 이루어집니다.

기업의 문화전략 모델

다음은 제가 2010년에 《컬처파워》에서 소개한 '기업의 문화전략 4가지 모델'입니다.

기업의 문화전략은 광고에 의존하는 초기 '인형의 단계'에서 명사나 아트와 연결되는 '컬래버레이션(기술과 아트 등 이종 간의 협업) 단계' 그리고 소비자 대중들과 폭넓은 접점 공간을 가지는 '사랑방(플랫폼) 단계', 마지막으로 장기적인 기업의 문화철학 겸 사업전략으로 정착하는 '산타 단계'를 거치게 됩니다. 산타 단계에 있는 기업들에는 MCN들이 당연히 많겠지요? KT&G는 기획했든 우연이든 2002년부터 그 경로를 따라왔고 현재는 사랑방 단계에 있습니다. 앞에 '효창성'에서 모델로 언급했던 현대카드 발전 과정도 우연이겠지만 유사합니다. 현대카드 초기 M카드의 독특한 광고와 블랙카드 리무진 서비스 입소문 마케팅 등에서 시작해 세계적 디자이너 하림 라시드 디자인의 카드 출시, 슈퍼 콘서트/슈퍼매치를 통한 글로벌 컬래버레이션 그리고 다양한 라이브 러리 운영 등의 발전 경로를 보면 그렇습니다.

표 1) 기업 문화전략의 4모델

	콘센트 정합성 높음		
넓은 의미의 문화	산타	컬래버레이션	좁은 의미의 문화
	사랑방	인형	
	콘센트 정합성 낮음		

필자 주) 좁은 의미의 문화는 아트 같은 심미적 텍스트를 뜻하고 넓은 의미의 문화는 삶의 양식으로서의 의미입니다(레이몬드 윌리엄스의 '문화의 세 정의' 응용). 그리고 이 각각의 문화전략 단계는 인형-컬래버레이션-사랑방-산타 단계를 거치는 것이 일반적입니다.

커뮤니티 플랜은 왜 필요한가?

현장에 있는 경영자라면 스마트 환경의 확산과 소비자 수준의 격상, 2008년 금융 파동으로 촉발된 신자유주의 반성과 저성장 시대, 기업의 역할 변화 그리고 2021년 이후 전개될 포스트 코로나 현상 등으로 기업 미션이 크게 변해가고 있다는 걸 피부로 실감할 것입니다.

- 유투브, SNS 등 스마트 환경의 출현은 기업이 1인 미디어 오너가 된 소비자 대중을 일방적으로 움직이기 힘든 상황으로 만들었고
- 저성장/저효율 시대에는 기업은 효율이 높은 곳에 자원을 집중할 필요가 있고

- 소비자 대중의 의식 수준이나 참여 문화가 높아지는 CE(Consumer Engaging) 시대 등이 그런 변화의 대표 현상

여기에 덧붙여 기업사회(Corpo-cracy)의 강화에 맞물려 기업에 대한 다음 같은 사회적 책임론도 빼놓을 수가 없습니다.

- 공존과 윤리적 경영에 대한 기대감
- 기업 역할 감시 수준의 강화로 비재무 리스크 점증
- 기존 사회적 책임(CSR)을 넘는 '공유가치 창출(CSV)'/ ESG 요구

기업은 대중매체에 의존한 마케팅과 일방적 홍보 방식으로는 그런 소비자/사회적 희망을 담아내기가 어려워졌습니다. 그래서 기업, 소비자, 사회가 각각 윈-윈-윈 하는 3W(Win) 시대가 도래한 것입니다. 3W 전략 중에 유망한 방법이 커뮤니티 플랜입니다. 기업뿐만이 아니라 지자체, NPO 단체, 카페, 축제 담당자 등도 고민해야 합니다. 이는 대부분 문화를 핵심 콘텐츠로 합니다.

기업에서 운영하는 커뮤니티라면 자연스럽게 구성된 부족 커뮤니티와는 달리 몇 가지 요건이 필수적입니다. 커뮤니티인 만큼 요건 1순위인 '공간(Territory)'(Space 대신 이 용어를 쓰는 것은 불어 Terroir처럼 포도밭을 둘러싼 전반적인 환경, 즉 기후, 토질, 지형 등 포괄적 공간을 선택해야 한다는 뜻에서임)이 중요하다는 것만 말하고 생략하겠습니다.

- 목적성(Purpose) – 무엇을 위한 것인가?
- 정체성(Identity) – 다른 커뮤니티와 무엇이 다른가?
- 지속성(Continuity) – 일회성이 아니어야 한다.
- 교환(Exchange) – 가치나 이익이 교환되어야 한다.

이 '**피쎄**(P.I.C.E)' 네 가지 요건을 구비하면 비로소 커뮤니티라 할 수 있고 그것들이 구체적이고 독창적일수록 커뮤니티는 강력한 커뮤니티가 되는데 여기에 진정성 스토리가 첨가되면 더 강력해집니다. 그럼 '**피쎄스**(P.I.C.E-S)'가 되지요.

예를 들어 홍대 앞 KT&G 상상마당의 떼루와는 클럽과 인디의 메카인 홍대 앞이고, '대한민국 상상을 응원하는' 이미지를 위해 문화 창작과 체험 공유를 하고, '풀뿌리 상상문화'란 점에서 LG아트센터나 현대카드 등 타 기업 커뮤니티와 다르며, 현재 14년째 운영하고 있습니다. 기업은 방문자들에게 '풀뿌리 문화를 사랑하고 지원하는 회사'라는 신뢰와 평판을 얻고 방문자들은 방문과 참여로 풀뿌리 문화체험을 얻게 됩니다. 그 결과 기업엔 마치 '상상'이란 제3의 브랜드가 있는 것처럼 인식돼 한국 대학생들은 보통명사임에도 '상상?' 하면 바로 홍대 앞 KT&G를 떠올립니다. "존 카메론 미첼 〈헤드윅〉 감독이 공연했어", "록의 대부 신중현이 은퇴 공연을 했던 곳" 같은 스토리가 쌓이면 더 강력해집니다. 그 강력함은 매출보다는 참여자 수, 신뢰의 깊이, 입소문이나 블로깅, 좋아요와 리트윗 같은 자발적 홍보의 양과 깊이로 드러납니다. 이것들은 다 기업의 무형 자산들이지요. 만일 KT&G가 규제산업만 아니었다면 그 효과는 훨씬 강력했을 겁니다.

기업 커뮤니티 플랜의 4유형

앞에서 든 사례들 말고라도 국내에서 아모레퍼시픽의 설화 클럽이나 설화 메이븐 클럽, 락앤락 주부 서포터즈, KT의 모바일 퓨처리스트, LG 글로벌 챌린지, 동아제약 바카스의 대학생 국토 원정대, 마르쉐@, 허핑턴 포스트나 탐스 슈즈… 그뿐만 아니라 각종 공모전과 평가단 운영 그리고 특정 스타들 중심으로 자발적으로 모인 팬클럽(팬덤) 등 커뮤니티 사례는 아주 많고 다양합니다. 그들 사례를 일목요연하게 보려면 유형화가 필요할 것 같은데 두 가지 축으로 분류해보도록 하겠습니다. 기준은 두 축입니다.

- 커뮤니티 기획과 운영 주체가 누구인가?
- 커뮤니티의 시간성, 즉 단기(일회 또는 간헐적)냐 장기냐

유형으로 분류하면 기업에서 유형별로 특징이 뭐고 관리 운영에서 장단점이 무엇인가를 고려하는 데 도움이 될 것입니다(페이스북, 트위터 등은 커뮤니티를 기반으로 하지만 마케팅이 아니라 사업이라는 점에서 배제).

(표 2) 커뮤니티 마케팅 4유형

1. **목장 타입 _** 기업이 주도하면서 장기적으로 운영되는 유형. 온라인 상상마당, 상상 유니브, 모바일 퓨처리스트, 락앤락 서포터즈, 설화 메이븐 클럽, TEDx, ㈜구루미의 캠 스터디 등이 여기에 속합니다. 목장형은 기업 개입 정도에 따라서 방목형과 셰퍼드형, 혼합형이 있는데 이는 운영대행사의 유무나 전담 운영인력, 커뮤니티 구성원이 느끼는 자율성 등으로 판단할 수 있겠습니다. 방목형은 상대적으로 커뮤니티 구성원에게 자율적 운영을 맡기는 경우입니다. 수십만 명의 주부 회원을 가진 락앤락 서포터즈나 지역과 직장 단위로 자발적으로 운영하는 TEDx 등이 이에 속합니다. 기업은 최소한의 지원만 할 뿐 회원 운영은 자체에서 선발한 자들이 운영합니다. 반면 초기 온라인 상상마당이나 설화 메이븐 클럽 그리고 홀푸드 마켓이 3년마다 800여 명의 매장 관리자가 모이는 '부족 모임' 등은 셰퍼드형에 속하는 경우입니다. 기업이 양을 지키는 셰퍼드처럼 관리하는 형태이지요. KT 모바일 퓨처리스트는 혼합형입니다. 대학생들의 운영 자율성은 높으나 운영대행

사가 있으니까요.

장단점 | 운영비용이 높은 편이고, 기업이 제공하는 혜택이 분명한 만큼 충성도도 높은 편.

2. 시장 타입 _ 시장이 자발적으로 생겨나듯 고객이 자발적으로 만든 커뮤니티입니다. 5일 장터에 스스로 팔 물건을 가지고 모이는 시장의 본질을 닮았습니다. 할리 데이비슨의 H.O.G 그룹과 세계 200만 개의 비정부기구 등이 대표적입니다. HOG들은 할리 데이비슨의 정신, 스타일을 열광적으로 좋아합니다. BTS 아미(army) 클럽처럼 특정 스타를 자기의 분신인 듯 좇는 팬덤,** 혜화동 자율 시장인 마르쉐@, 전 세계 광고 영상 제작자나 일러스트레이터 등이 특정 브랜드 크리에이티브를 올리는 비핸스(behance), 그리고 전문제품이나 희귀품의 경우 그룹을 만들어 정보를 교환하는 카, 바이크, 오디오, 명품 마니아 그룹 등이 이에 속합니다.

장단점 | 운영비용이 적게 들면서도 충성도가 높고 자발적 입소문 효과도 탁월함. 이들은 기업/브랜드 정책에 깊이 개입함.

3. 서커스 타입 _ 기업이 주도하되 연 1회 등 단속적으로 운영하는 커

** 영국의 문화이론가 존 피스크는 팬덤의 발생에 대해 "사회 경험에 관해 스스로의 의미를 만들어내는 즐거움과 권력층의 사회적인 훈육을 회피하는 즐거움"을 이유로 꼽았습니다. 그는 팬덤의 주요 특성을 세 가지로 설명했는데, 첫째, 차별과 구별. 팬들은 자신이 선택한 스타를 통해 자신을 남과 구별하고 소속감과 안정감을 느낍니다. 둘째, 생산과 참여. 팬들은 수동적인 수용자에 머무르지 않고 기호와 언어, 텍스트를 생산합니다. 셋째, 자본 축적. 팬들은 스타와 상품을 수집하고 소유하고 지식을 축적함으로써 집단 내 그의 지위를 강화합니다.

뮤니티. 1년에 한 번씩 순회공연을 하는 서커스처럼. 현대카드 슈퍼콘서트, 동서 주부 문학상, 동아제약 바카스 국토대장정, IBM 이노베이션 잼, LG 글로벌 챌린지, 각종 공모전 참가팀, 특정 프로젝트 아이디어 그룹이나 시제품 평가단, 지자체의 축제 자원봉사팀 등이 이에 해당합니다. 특정 기간 모였다가 프로젝트가 끝나면 해체되지만, 전통과 권위가 세워지면 자신들끼리 'OO기수'를 만들어 비공식 모임을 여는 경우가 많습니다.

장단점 | 운영비용과 충성도는 중간 수준이거나 낮은 편이지만, 꾸준히 하면 향수가 스며들듯이 입소문을 냄. 땡큐 레터나 전체 초청 이벤트 등으로 추억 리마인드가 효과적.

4. 운동(Movement) 타입 _ '태안반도 기름띠 제거', '월가를 점령하라'가 대표적인 사례입니다. 이것들은 직접적으론 기업 비즈니스와 상관이 없고 일회성이란 점에서 커뮤니티라 하기는 약하나 운동이 대규모고 대의가 확실해 큰 파괴력을 지닙니다. 기업 비즈니스에서 이를 놓친다는 것은 갑자기 큰 어장이 형성됐는데 어부가 이를 무시하는 게으름과 다름없습니다. 태안반도 기름띠 제거 때 최고의 스타가 된 사람은 가수 김장훈이었습니다. 그는 남들이 다 떠났을 때도 끝까지 기름을 닦았습니다. 독도 때도 그랬고 세월호 유족의 광화문 천막 시위 때도 그랬습니다. 그래서 그는 조용필 정도의 레퍼토리가 없음에도 국민가수란 소리를 듣습니다. 진도 세월호 사건 때도 기업들이 CSR 차원의 구호

물품을 제공했지만 그냥 눈도장 찍은 수준으로 끝났습니다. 반면 K그룹의 일부 멤버들은 오래 남아서 유족들한테 고맙다는 소리를 들었다고 합니다. 이게 진정성입니다. 진정성은 "소비자들에게 특정한 종류의 신성하거나, 문화적인 해석을 가져오는 제품이나 서비스"(글렌 케롤), "이익을 창출하기 위해 고안되거나 조성되지 않은 자체의 목적을 위해 존재하는 고유한 형태"(제임스 길모어)라는 정의처럼 신성함이나 자체의 목적을 위한 것이어야 합니다. 그것은 어느 하루아침에 기업문화로 조성되지 않습니다.

장단점 | 없음.

향후 커뮤니티 마케팅의 방향성

저는 상상마당을 인연으로 기업들의 커뮤니티 활동을 꽤 지켜봤는데 다음 경우들은 그다지 성과가 좋지 않습니다. 담당자나 CEO가 열정도 없이 남이 한다니까 우리도 한 번 해볼까 하는 경우, 입소문 효과만 보려는 경우, 마음과 끈기보다는 자본으로 밀어붙이는 경우, 당장 지갑을 열 현재 고객만 보는 경우, 기업 내 B급 인재가 담당해서 내부에서 힘을 못 받는 경우, 경영자가 시시콜콜히 개입하는 경우 등.

기업이든, 지자체든, NPO든 미래는 (온/오프) 커뮤니티를 누가 효율적으로 그리고 진정성 있게 관리하느냐가 중요합니다. 그래서 두 가지만 덧붙여 봅니다. 지속적인 터치와 하위문화 발굴입니다.

지속적인 터치_ 한국에서는 앞에서 본 '목장' 타입과 '서커스' 타입 두 커뮤니티가 일반적인 유형인데 이 경우 제1 조건은 지속성이라고 봅니다. 일회적 쇼가 아니고 커뮤니티니까요. 일희일비하지 말고, 단기 성과를 너무 양적인 데이터로 환산하지 말고 꾸준히 해야 합니다. 효창성 교훈을 아직 기억하시죠? 말보로 담배는 송도에서 록 페스티벌을 했는데 처음 3년은 내리 폭우가 쏟아져서 수십억씩 들인 돈이 그야말로 허사가 되었습니다. 그러나 그들은 꾸준히 했습니다. 이게 소문이 나서 더 긍정의 불씨가 됐고 한국을 대표하는 록 페스티벌이 됐습니다. 동아제약 바카스 국토대장정도 해가 갈수록 신뢰가 쌓입니다. 이게 커뮤니티 4+1 요건인 P. I. C. E-S 중 C(Continuity), 꾸준함의 힘입니다.

한국은 목적성이나 정체성 이런 거는 잘 만들지만, 안타깝게도 지속성이 약합니다. 담당자가 바뀌었다고 틀어버리고, 환경이 바뀌었다고 축소하고, CEO 한마디에 훅 가버립니다. 지속성이 담보되려면 진정성이 필요합니다. 진정성은 구성원 모두가 철학과 방향성을 공유할 때만 가능합니다. 다음 도식처럼요.

그 자체 MCN 기업인 현대카드의 임직원 이야기나 사보 등을 보면 그들의 '온리원(Only One) 지향'이 어느덧 구성원들에게 공유되고 있음을 느낄 수 있습니다. 그들은 만나고 이야기하는 문화와 시스템이 구축되어 있습니다. 임원들 전체가 한 방에 모여 소통을 하고 직원들에게 제공되는 자유로운 호프 공간 그리고 레스토랑 같은 구내식당, 그들만의 자유로운 내부 구인/구직 문화, 기업문화 매뉴얼 북《프라이드》, "무례한 고객은 거부하라" 같은 당당한 표현 등등 섬세한 공유가 이루어집니다. 이런 문화가 이루어지면 진정성과 방향성이 공유되고 그것들이 표현된 그들의 고객 만남은 결국 고객의 마음도 통쾌하게 움직이겠지요. 제가 만나본 현대카드 직원이나 임원들은 현대카드에 대한 자부심과 정체성 공유가 꽤 높았습니다.

그럼 지속성, 진정성, 공유가 필요한 이유는 무엇일까요?

요즘 사회 그리고 고객들은 1인 미디어로 무장했을뿐더러 SNS 소통은 빠르고 집요합니다. 그런 그들에게 돈으로 베풀지는 말되 관심은 인색하지 말 것이며 커뮤니티 철학을 지속적으로 나눠 구성원들이 '형'이나 '언니'처럼 수평적 관계로 친밀감을 느끼게 터치(Touch, 티파니 고객들은 '나의 티파니'라고 부름. 약속의 상징이면서 연인) 해야 합니다.

스카이72 사례를 하나 알려드립니다. 저는 김영재 사장님 요청으로 2007년에 스카이72 골프클럽 마케팅위원회를 구성했습니다. '잘 될

필자 주) 지속성은 진정성을 통해서 확인할 수 있고 지속성은 진정성을 통해서 강화됩니다. 진정성은 구성원 모두에게 이식되어야 하고 구성원은 진정성을 반드시 표현해야 합니다.

까?' 초기 우려와는 달리 14년이 지난 지금도 위원회는 꽤 잘 됩니다. 처음에 "공짜로 골프나 치지. 내가 여기 아니면 골프 칠 데가 없어?" 했던 체리피커 회원은 다 떠났습니다. 짐 콜린스 말처럼 "버스에 탈 사람만 탄" 것입니다. 스카이72 측에서도 처음엔 "이걸 하면 협찬 좀 하지 않을까. 푼돈 주고 말 돈 받지"했겠지만 지금은 달라졌습니다. 위원들끼리 서울에서 술을 먹다가 전화하면 영종도에 있는 김영재 대표가 형처럼 그냥 옵니다. 위원들도 이제는 자발적으로 마음이 동해 지원합니다. 제가 이 책에 직접 언급하는 것도 마음에서 하는 인지도 협찬입니다. 그동안 제가 책《동심경영》을 발간하고 강의, 기고에서 스카이72 사례를 언급해 누적 노출된 것만 해도 최소한 수만 명이 넘을 겁니다. 다른 마케팅 위원들도 디자인, 핵심 인맥 소개, 외식 컨설팅 등 당초 예상치 못했던 유무형의 협찬을 합니다. 지속적인 터치, 중요합니다.

하위문화 커뮤니티_《위험사회》에서 울리히 벡이 '하위정치'의 중요성을 지적한 적이 있습니다. 기업 경영에 응용하면 바로 하위문화(Sub-Culture)입니다. 전체문화에 대비되는 하위문화는 사회 욕구가 다양해지고 집단화가 용이한 시대에는 꽤 중요하게 지켜볼 그룹입니다. 나이키의 성공은 'Just Do It'으로 소외된 게토 하위문화를 표현하면서 이룩한 것이고, 파타고니아는 창업자 이본 쉬나드와 인생으로 연결된 환경보호 운동가들이 같이 만든 신화입니다. 애플의 i-시리즈 대박은 세계의 젊은 혁신자 하위문화에서 전폭적으로 밀어준 결과지요. 미래를 보고 특정 하위문화를 선정해서 그들과 제휴하고 그들의 가치를 대변해주고 그들이 말할 수 있도록 후원해야 합니다. 비건, 성 소수자, 반려동물 애호가, 인디, 힙스터, 청년 소셜벤처 등 많지요. 기업이 하위문화를 볼 때는 하위문화를 작게 설정하고 미래 성장성을 보는 관점이 중요합니다. 조나 삭스가 《스토리 전쟁》에서 "디지토럴(Digitoral) 사회가 왔다" 했는데 디지털과 오럴(구전)의 핵심은 바로 하위문화 커뮤니티입니다. 페이스북은 한국 아이러브스쿨처럼 작은 수다를 떠는 동급생 하위문화에 주목해서 잭팟을 터트렸습니다. 그게 지구 규모로 확대된 것입니다.

정리합시다. 현명한 조직관리자 그리고 MCN이라면 커뮤니티 플랜은 단순히 또 하나의 미디어나 마케팅 수단이 아님을 직감할 겁니다. 커뮤니티는 눈덩이처럼 잘 굴리면 계속 커지지요. 내부 기업문화에 미치는 긍정적 영향이나 인재 유치, 위기/소문 관리, 사회적 책임, 스토리텔링에도 좋고 사업다각화 기회로도 가능합니다. 앞에서 화상 사회의 도래를 언급했는데 미래 화상 사회도 바로 이 커뮤니티 전략을 배경으로 해야 더 인간적으로 단단해질 겁니다.

자잘하고 소소한 미셀러니부터 에세이 그리고 소론까지 읽으시느라고 수고하셨습니다.

이제 책을 마치며 두 가지만 부탁드립니다. 본인과 이 사회를 위해서, 하나는 **MCN이 되어달라**는 겁니다. 가능하면 지구 MCN이 되어주면 더 좋겠습니다. 그 이유는 책 본문에 다 있습니다. 이 책을 끝낼 무렵에 아마존의 창업자 제프 베이조스가 퇴진을 발표했습니다. 그의 자리는 아마존웹서비스(AWS) CEO인 앤디 제시가 받기로 했답니다. 베이조스가 고별사로 이런 말을 남겼습니다.

"27년 전 이 여정을 시작할 때 아마존은 그저 아이디어였다. 이름도 없었다. 하지만 지금 아마존은 전 세계에서 가장 성공한 회사 중 하나가 되었다. 그 원동력은 발명이다. 우리는 함께 미친 짓을 했고 그 미친 짓은 정상(Nomal)이 됐다."

흠, 제프 베이조스는 크게 성공한 MCN인데 지구 MCN이라고 보지는 않습니다. 그래서 그의 성공에 대해서 할 말이 좀 있지만, 그가 떠난다니 참기로 하겠습니다. 그의 고별사 중에 중요한 단어를 고르라면 '함께', '미친 짓'을 했다는 겁니다. 네, 함께하면 넓어지고 오래갈 수 있지요.

두 번째는 지금부터 꼭 글쓰기를 해보라는 겁니다. 보통 사람들은 세상을 알고 나서야 글을 쓰는 것으로 알고 있습니다. 네, 그게 상식이겠지요. 그런데 세상이 꼭 그렇지만은 않습니다. 오히려 글을 쓰면서 세상을 알아가기도 하지요. '알고 나서 사랑할까, 사랑하니 알게 될까?'의 문제에서 저는 후자라고 생각하는 편입니다. 아이를 처음 낳은 엄마는 당연히 육아법을 모릅니다. 그러나 아이의 살갗에서 나는 향기로운 냄새를 맡고 아이들의 똥 기저귀를 치우면서 아이를 온통 사랑하게 되고 그 아이를 키우다 보니 육아를 알게 되는 이치와 마찬가지입니다. 직장과 인생을 한창 배우는 30대, 40대 직장인이 글을 쓰는 습관을 들여야 할 이유가 여기에 있습니다. 그럼 배움도 달라집니다.

이런 자기 학습의 글쓰기가 있다면, 전(연결)하기의 글쓰기도 있습니다. 이것은《1984년》을 쓴 조지 오웰이 글 쓰는 이유로 꼽은 것 중의 하나입니다. 세상을 알지는 못해도 세상의 변화를 글로 전(Delivering)해 가치를 연결할 수도 있다는 겁니다. 그런데 묘한 것이 그 결과가 단순히 전하는 데서 그치지 않는다는 겁니다. 글이라는 미디어를 다루는 순간, 글은 마치 그림자 거인처럼 거기에 자기 의견을 담게 합니다. 그래서 전달자의 가치가 만들어집니다. 그들이 사실을 변화시킨 것은 없는데 세상은 그 글로 말미암아 변합니다. 멋지죠? 그게 글의 두 번째 마법입니다.

글을 못 쓰면 어떻게 하나? 걱정하지 마십시오. 모 소설가 말을 조금 응용하면,

"홍시야, 너도 젊었을 때는 꽤 떫었거든."

지금은 비록 떫어도 언젠가는 맛있는 홍시가 됩니다.

글쓰기는 문을 여는 것과 같습니다. 과천에 있는 서울대공원은 어린이, 뚱보, 부장, 시인, 생태학자, 사업가, 엔터테이너, 정치인 등의 입장에 따라 달리 문을 열 것입니다. 중역을 꿈꾸는 부장은 사자의 포효하는 리더십을 볼 것이고, 시인은 뱀에게서 어둠 속에서 기는 것들의 의미를 볼 것이고, 120kg 뚱보는 하마를 보면서 위안을 받을 겁니다. 호그와트 마법학교로 가는 문 역시 마법사들에게만 열립니다. 아니 사실은 가난한 미혼모로 아이에게 간절하게 들려주고 싶었던 조앤 K 롤링에게만 열렸다는 것이 맞겠지요. 다른 이들에게 그 문은 그냥 딱딱한 지하철 공간의 기둥 벽이었습니다.

내가 어디를 보고 두드리느냐에 따라 N개로 다르게 열리는 세상에서 글쓰기는 "열려라, 문"의 주문(呪文)입니다. 그러니 글 쓰는 직장인으로 멋진 문을 열어보시지요. 그러면 어느 순간 당신은 지구 **MCN**이 되어 있을 겁니다.